JN090997

目次

日本

東京

大連（旅大）　平壌

ソウル　　　　　　日本海

仁川

大韓民国

青島　　　　釜山　　　　　　　　　岡山　大阪　1,560km

黄　海　　群山　　　　　広島

北九州　松山

福岡

長崎

済州島　　　　　宮崎

鹿児島

東シナ海　　　黒島　　　　種子島　大隅諸島　薩
　　　　　　口永良部島　屋久島　　　南
上海　　南　　口之島　　　　　　　　諸
　　　　西　中之島　諏訪瀬島　　島
寧波　　諸　悪石島　　　　　　太
　　　　島　宝島　トカラ列島　喜界島　平
　　　　　硫黄鳥島　奄美大島　　洋
　　　　　　　奄美諸島　徳之島
福州　　　　　　　　沖永良部島　諸
　　　　　　伊平屋島　　与論島
　　　　　　伊是名島　　　　　大東諸島　北大東島
　　　　　　伊江島　沖縄本島　　　南大東島
台北　尖閣諸島　粟国島　　　　　琉
　　　　　　久米島　慶良間列島
台　湾　　　八重山列島　宮古島　球
　　　　　与那国島　多良間島　　宮　諸
高雄　　　　　石垣島　　古　島
　　　　西表島　竹富島　列
　　　　　波照間島　　島

シナ海　　　　　　800km

1,000km

ルソン島

マニラ　　フィリピン海

N

フィリピン

400km

1,560km

3

本島 中部

A B C

N

1

部瀬名岬
許田I.C
ブセナ海中公園
海域公園地区

沖縄県県民の森

万座毛
恩納

恩納村
(おんなそん)

漢那ダム
宜野座I.C

金武ダム
漢那

恩納岳

谷茶ビーチ

伊芸S.A
金武I.C

2

ムーン
ビーチ

屋嘉I.C

金武観音寺
億首川

真栄田岬

石川I.C

金武町
(きんちょう)

公園

仲泊

金武湾港

ブルービーチ
金武岬

琉球村
恩納村博物館
ビオスの丘

石川

伊波城跡

金武湾

末城跡
むら

ユンタンザミュージアム
やちむんの里

沖縄自動車道

谷村
(たんそん)

倉敷ダム

うるま市

3

東南植物楽園

沖縄北I.C

安慶名城跡
安慶名闘牛場
天願川

平安座島

野国総管宮
州川

嘉手納町
(かでな)

知花城跡

安慶名

具志川

海の駅
浜比嘉大橋

公園

米軍嘉手納飛行場

沖縄I.C

海中道路

砂辺

沖縄南I.C

沖縄市

勝連城跡
与那城

アマミチュー墓
薮地島

カンビレッジ

謝刈

沖縄こどもの国

浜比嘉島

宜湾市
(わん)

伊佐

沖縄県
総合運動公園

平安名貝塚
勝連

4

ション

萩堂貝塚

北中城村
(きたなかぐすくそん)

ホワイトビーチ
カンナ崎

米軍普天間飛行場

北中城I.C
中村家住宅

中城湾

森川公園

中城城跡
中城P.A

伊計島
伊計城跡

市
美術館

中城村
(なかぐすくそん)

高離パンタ
泊城跡

津堅島

ようどれ

琉球大学
西原I.C

西原町
(にしはら)

宮城島

平安座島

5

A **B** **C**

本島
北部

N

辺戸岬
ヤンバルクイナ展望
大石林山
茅打バンタ●　辺戸
宜名真　　世皮崎　長

東
シ
ナ
海

沖
縄
海
岸
国
定
公
園

尾西岳

西銘岳

国頭村
（くにがみそん）
辺野喜ダム

与那

照首山

赤丸岬
辺土名
奥間
県自然ノグチゲラ
生息地

安波のタナガーグムイの植物群落
安波のサキシマスオウノキ
与那覇岳
安波ダム

やんばる野生生物
保護センター
ウフギー自然館

比地大滝

やんばる 国立公園

芭蕉布会館　喜如嘉
喜如嘉の七滝

伊湯岳
新川ダム

大宜味村
（おおぎみそん）

古宇利島

玉辻山

東村立山と
水の生活博物館

今帰仁村歴史文化センター
今帰仁城跡
古宇利大橋

塩屋

福地ダム

■国営沖縄記念公園（海洋博公園）
　沖縄美ら海水族館
　海洋文化館プラネタリウム
　熱帯ドリームセンター

運天原
（サバヤ貝塚）

大宜味
シークワーサー
パーク

田港御願の
植物群落

備瀬の
フクギ並木

屋我地大橋

東村
（ひがしそん）
平良

東村村民の森つつじエコパーク

ギナン崎

本部町
（もとぶ）

屋我地島

羽地内海

津波山

平良湾

瀬底島
瀬底大橋

八重岳

真喜屋

有銘

慶佐次
慶佐次湾のヒルギ林

沖縄フルーツランド
ナゴパイナップル
パーク　屋部
塩川

ネオパーク
オキナワ

名護博物館

いこいの村
おきなわ

多野岳

一ツ岳

天仁屋崎

21世紀の森公園

名護城跡
名護市
（なご）

オリオン
ビール工場

名護湾

安部

嘉陽

安部崎

大浦湾

許田I.C
久志岳
辺野古
辺野古崎

太
平
洋

ブセナ海中公園

部瀬名岬

湯原

GODAC（国際海洋環境情報センター）

久志

宜野座I.C

熱田原

万座毛
恩納村
（おんなそん）

漢那ダム
金武ダム

漢那

宜野座村
（ぎのざそん）

恩納

恩納岳

金武観音寺

億首川

谷茶ビーチ
仲泊
伊芸S.A　金武I.C
屋嘉I.C

金武町
（きんちょう）

金武岬

石川I.C
石川

ブルービーチ

金武湾

金武湾港

1

2

3

4

6

はじめに

沖縄県は北緯24度から28度、東経122度から132度付近の日本の南西端位置し、県の面積は約2281km²と都道府県のなかでは44位と小さいが、南北約400km、東西約1,000kmの広大な海域を有する。県域には無人島を含めた大小160の島嶼があり、沖縄島、西表島、石垣島、宮古島など大きな島に観光やレジャーなどで毎年日本全国から旅行客が訪れる人気の観光地となっている。

	県の面積	
1	北海道	78,421
2	岩手県	15,275
3	福島県	13,784
～～～～～～～～～～～～		
43	神奈川県	2,416
44	沖縄県	2,281
45	東京都	2,191
46	大阪府	1,905
47	香川県	1,877

沖縄の人口（令和2年（2020）国勢調査確報値に基づく推計人口）

沖縄の人口は約146万人。前回（平成27年）から2.4％増加しており、全国でも第2位の増加率（1位は東京）。市町村別でみると、人口増加数が最も大きいのは、うるま市、次いで宜野湾市となっており、本島中部で比較的人口が増加している。出生率は昭和49年（1974）より連続全国第1位、婚姻件数は全国第2位、離婚件数は全国第1位となっている。平均寿命は平成27年（2015）の厚生労働省の調べでは男性80.27才（全国36位）、女性87.44才（全国7位）。かつて平均寿命全国1位の長寿だった沖縄県だが、米軍統治下時代の食生活の変化が一因とされている。

沖縄の自然・気候

沖縄は近海を黒潮が流れる暖かい海に囲まれて海洋の影響を強く受けるため、気候は高温多湿である温暖な亜熱帯の気候となっている。また、豊富な雨や乾燥した海岸などの光や湿度

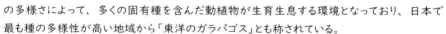

の多様さによって、多くの固有種を含んだ動植物が生育生息する環境となっており、日本で最も種の多様性が高い地域から「東洋のガラパゴス」とも称されている。

沖縄の歴史

琉球は15世紀の初めまで三山（南山、中山、北山と称する3つの勢力）が対立していたが、中山の尚巴志が北山と南山を滅ぼして統一、琉球王国を樹立した。琉球は明、東南アジア諸国、日本、朝鮮との中継貿易を行って海洋王国として発展、独立を保持した。しかし、慶長14年（1609）に薩摩藩による軍事侵攻をうけ、徳川幕府の監視下に置かれた。明との貿易を重視する幕府は、征服した琉球を利用し貿易を継続、表向きは琉球王国を存続させていた。その後、明治維新により成立した日本政府によって明治12年（1879）に琉球王国は解

体され、沖縄県として第一歩を踏み出したのである。しかし、太平洋戦争後27年間アメリカの統治下置かれた沖縄は、日本の米軍専用施設面積の70％が集中するなど、今日まで続く問題が山積している。

本島南部

那覇空港を有する南部は沖縄唯一の鉄道ゆいレールが走る観光の人気スポット。「奇跡の1マイル」と称される国際通りや食文化を継承する拠点施設である公設市場など買物や食事を楽しめる。また、首里城（再建予定）や識名園など琉球王国時代の遺跡や施設が数多く残されている。しかし、一方では太平洋戦争で激戦が行われた地でもあり、平和記念公園やひめゆりの塔など戦争の爪跡を色濃く残す地域となっており、テーマ学習としても巡りやすい場所となっている。

ひめゆり平和祈念資料館
地図 P4A・B4 P70 参照

　ひめゆり学徒隊の戦争体験を伝えるため、平成元年（1989）に設立した資料館。建物は当時ひめゆり学徒隊が通っていた第一高等女学校の校舎を模したもの。

　第一展示室では「**ひめゆりの青春**」と題し、15歳からの青春を生きる少女たちの当時の学校生活を古写真とともに紹介、現代の中高生と変わらない日々を過ごしていたことを垣間見ることができる。しかし、戦争の影響で次第に学校生活が軍事化されていき、生徒たちが何の疑いもなく戦争に巻き込まれていく。ここでは教育というものがいかに大切であるかを考えさせてくれる。

　第二展示室「**ひめゆりの戦場**」では、看護要員として動員された南風原の沖縄陸軍病院の様子が紹介されており、粗末な二段ベットを配置した手掘り洞窟のような病院壕のジオラマや、実際に使用していた医療器具、持ち物などが展示されてお

慰霊塔の前に穴があいている洞窟が沖縄陸軍病院第三外科壕跡　©OCVB

ひめゆりの塔　地図 P4A・B4 P70 参照

　沖縄県では太平洋戦争末期の昭和20年（1945）に上陸した米軍との民間人を巻き込んだ地上戦が行われました。昭和16年（1941）、日本軍によるハワイ真珠湾への攻撃から始まった太平洋戦争は、翌年ミッドウェー海戦での日本軍の敗北を機に形成が逆転し、南太平洋上の数々の基地を奪われることとなった。このため日本軍は本土防衛の最後の拠点を沖縄として、昭和18年夏から飛行場の建設が始まり、翌年には第32軍が配備された。このとき、沖縄にあった21の中等学校から学徒が戦場に動員され、沖縄師範学校女子部と県立第一高等女学校の生徒（**ひめゆり学徒隊**）は南風原の沖縄陸軍病院に派遣された。動員された生徒の数は222名にのぼる。

　昭和20年3月17日硫黄島の日本軍は破られ、3月26日には米軍が慶良間諸島に上陸、4月1日には本島中部の読谷・嘉手納・北谷に上陸した。この沖縄攻略作戦（アイスバーグ作戦）に動員された米軍部隊は、太平洋戦

で最大規模の編成である兵員約54万人、艦船約1500隻に及んだとい
。米軍の空襲や艦砲射撃は約3ヶ月間続き、地形が変わるほどの激し
砲弾を受けた沖縄の人々は「鉄の暴風」と名付けた。南風原の沖縄陸
病院では前線から負傷兵が次々と運び込まれ、生徒たちが寝る暇がない
ど治療や食事の準備などに追われていた。やがて病院にも砲弾が落ち
ようになり、生徒の中にも死傷者がでるようになった。

　昭和20年5月31日に米軍により日本軍司令部のある首里城が占領され
。しかしそれ以前の22日に軍司令部は、にわかに南部への撤退を決定
、さらに抵抗を続けて本土決戦を一日でも先に延ばす作戦を行っていた。
陸軍病院も歩ける患者を連れ南部へ撤退したが、砲弾の中で多くの死傷
者を出すことになった。生徒たちが集まった伊原周辺には「ガマ」と呼ばれ
自然洞窟が多数あり、3月頃から住民などが避難生活を送っていたが、日
本軍が避難民を追い出し陣地を構え、そこに陸軍病院も入った。

　6月18日、陸軍病院の生徒たちに解散命令が告げられた。6月19日、脱
出する日の明け方、米軍にガス弾攻撃を受けて生徒38人余りが亡くなり、
かった生徒も海岸に追いつめられ、21日、捕虜になることを恐れて手りゅ
弾で自決した。動員された生徒222名のうち、123名が死亡。大半が軍
の解散命令が告げられた後の戦死であった。

　ひめゆりの塔は、ひめゆり学徒隊の最後の地の一つである伊原第三外
科壕の上に建てられた慰霊碑。敷地内は木々が生い茂り、かつて戦場となっ
ていた思えないほど穏やかな場所となっている。多くの人々が訪れ平和を
祈る場となっている。

り、当時の病院壕での生活
や負傷兵の実態が明らかに
なる。
　第三展示室「解散命令と
死の彷徨」では、昭和20年
（1945）6月18日の夜にひ
めゆり学徒隊に突然解散命
令が出され、米軍が包囲す
る戦場を、生存者による証言映像
と米軍が記録したフィルム
によって紹介。この解散命
令後の数日間で100余名の
ひめゆり学徒が死亡してい
る。少女たちの混乱した様
子や戦争の悲惨さが伝わる
展示となっている。
　第四展示室の壁面には
200余名の犠牲者たちの遺
影がかけられ、亡くなられ
た人々の「鎮魂」の空間と
なっている。また、生存者
の証言本を閲覧することが
でき、米軍のガス弾攻撃に
よって多くの犠牲者がでた
伊原第三外科壕の実物大の
ジオラマが再現されている。
　第五展示室「回想」ではひ
めゆり学徒の戦後の歩みを
紹介。生き残った学徒たち
が長い間戦争体験を語れな
かったこと、それを乗り越え
て資料館の開館にこぎつけた
こと、その後の戦争体験を伝
える活動などについて紹介。
　この資料館は平和な日常
を送っていた少女たちが戦
場に送られ犠牲になった歴
史を後世に伝えようと、生
き残った同窓生が設立した。
戦争の恐ろしさや悲惨さを
伝えるとともに、平和である
ことの大切さを我々に教えて
くれる場所となっている。

沖縄戦　概略　昭和20年（1945）	
3月23日	米軍が沖縄諸島に空襲を開始する
3月26日	米軍が慶良間列島に上陸する 地上戦が始まる
4月1日	米軍が沖縄本島西海岸の読谷・嘉 手納・北谷に上陸する
4月16日	米軍が伊江島に上陸する
5月31日	米軍が首里を占領する
6月13日	日本軍の海軍部隊が壊滅する
6月19日	沖縄における日本軍の組織的抵抗 がほぼ終わる
6月23日	牛島第32軍司令官が糸満市摩文 仁で自決する
7月2日	米軍が沖縄作戦の終了を宣言する
8月6日	広島に原爆が投下される
8月9日	長崎に原爆が投下される
8月15日	昭和天皇による玉音放送

「いはまくらの碑」
根政善先生が「いはまくら
すらかに　ねむれとぞいのる
のうたを霊前に捧げた。　学徒隊の引率教師だった仲宗
かたくもあらむ　や
むれとぞいのる　まなびのともは」

ひめゆりの石像（1956年建立）

©OCVB

沖縄から世界へと平和の輪が海を越えて波のように広がり、世界中へと続いていくようにとの想いが込められている　©OCVB

沖縄県営平和祈念公園　地図P4B4　P68 参照

　日本の歴史上唯一の地上戦が繰り広げられた沖縄。その最後の激戦地にこの美しい公園は位置する。糸満市摩文仁の青い海を望み花と緑に彩られた約40haもの広大な園内は鎮魂、祈り、平和などをテーマに4つのゾーンに区分される。

　御霊の鎮魂と祈りの「**霊域ゾーン**」では、沖縄戦で亡くなった住民や軍人などの遺骨を納めた国立沖縄戦没者墓苑がある。納骨堂には約18万人もの遺骨が納められており、参拝者が絶えない。また、このゾーンにはほかにも32府県の慰霊碑や、沖縄戦の防衛を担った日本陸軍守備隊第32軍が最期を迎えた司令部壕がある。

　戦没者の追悼と平和祈念の「**平和ゾーン**」では、平和の礎や平和の広場、平和祈念資料館、平和の丘、沖縄平和祈念堂などの主要施設が配置されている。

平和の広場

　平和の礎は「いしずえ」を沖縄方言で「いしじ」と発音することに由来しており、沖縄戦などの戦没者氏名を刻銘した記念碑が、「平和の火」が灯されている平和の広場を中心に、放射状に円弧の形で広がりをもって配置されている。これは「鉄の暴風」の波濤が、平和の波となって、わだつみに折り返し行くコンセプトをもとに配置されたものである。刻銘者数は毎年慰霊の日に合わせて追加・修正などがあるが、日本人・外国人合わせて24万人にのぼる。

『平和の礎』刻銘者は24万人にのぼる

　平和の広場の中央にある噴水は「さざなみの池」といい、沖縄よりわき上がった平和への願いが世界に広がることを願ったもの。池の中央にある三角の部分の先には、沖縄戦最初の米軍上陸地である座間味村阿嘉島で火打ち石を使って採取したものと、原爆が投下された広島市の「平和の灯」と長崎市の「誓いの火」から分けられた火が恒久平和を願う象徴として今も大切に灯されている。

『平和の丘』全体は地下と地上の二重構造で、当時、住民たちが逃げ込んだ洞窟ガマを地下部分に再現している

　半リング形のモニュメントがあるのが**平和の丘**。沖縄県では沖縄戦の終結した日とされる6月23日を「慰霊の日」と制定されており、この日に行われる「沖縄全戦没者追悼式」は、このモニュメント前で行われる。全体は地下と地上の二重構造で、地下は戦時中住民が逃げ込んだ洞窟「ガマ」を再現し、地下を進むと天井から「平和の光」が差し込む構造となっている。

　他にも園路広場ゾーンやレクリエーションゾーンがあり、広場や散策路、多目的広場などが整備されており、恒久平和のメッセージを発信する場とともに、子供たちが遊べる憩いの場として人気がある。

『さざなみの池』中央の『平和の火』は沖縄戦最初の上陸地である座間味村阿嘉島において採取した火と被爆地広島市と長崎市の火を合火したもの

沖縄県平和祈念資料館　地図P4B4　P68 参照

　昭和50年（1975）に開設された県内初の沖縄戦の全容を展示した資料館。犠牲者を弔うとともに、歴史的教訓を正しく伝えるため、沖縄の人々の戦争体験を集めて紹介する。明治5年（1872）の明治政府が行った「琉球処分」から昭和47年（1972）の沖縄の本土復帰までの歴史がわかる。

　2階の常設展示は5つの展示室に分かれており、第1展示室「**沖縄戦への道**」では沖縄戦に至るまでの沖縄の歴史と、戦争がなぜ起こったのかについて展示。かつては琉球王国という独立した国家であった沖縄が、どのようにして日本の一部となり、皇民化政策を受け、戦争に巻き込まれるようになったかを、諸外国の動きとともに紹介する。

　第2展示室「**住民の見た沖縄戦『鉄の暴風』**」は、沖縄戦の実態を住民の視点をもとに描いた展示となっており、空襲や艦砲射撃の凄まじさを映像や実物・造形物などの資料を使い展示。がれき化した街の様子を原寸で再現した造形物は圧巻。

　第3展示室「**住民の見た沖縄戦『地獄の戦場』**」では、沖縄戦で起こった日本兵による住民虐殺や強制的な集団死、米軍による殺戮など、軍民入り乱れた戦場での住民犠牲の出来事を写真パネル、焼け焦げた衣服や当時の水が入った水筒などの実物資料や蝋人形を用いて展示する。

　第4展示室「**住民の見た沖縄戦『証言』**」では、沖縄戦を生き延びた人々の体験を証言集と証言映像で展示。沖縄戦の実相は物証として残っているものが少ないため、実際に戦争を体験した人々の証言が頼りとなる。辛い体験を振り返ってでも、後世に伝えようと語り継がれる証言の数々は、平和を願う気持ちからだと感じる。

　第5展示室「**太平洋の要石（キーストン）**」では終戦後、27年間の米軍統治を経て昭和47年（1972）5月15日に沖縄が日本に復帰するまでの住民の様子や政治状況を実物資料、写真パネル、造形物、映像などで展示する。また、現在も続いている日本のアメリカ軍基地問題の実態を浮かび上がらせている。常設展示は短時間で沖縄の歴史が概観できる場所となっている。

　他にも資料館1階には未来を担う子どもたちが積極的に平和を愛する心を育むための「子ども・プロセス展示室」や、平和に関する数多くの図書や戦争体験者の証言などをおさめたビデオなどが閲覧できる「情報ライブラリー」、平和祈念ホール、企画展示室などがある。

©OCVB

沖縄県平和祈念堂
地図P4B4　P68 参照

　昭和53年（1978）に開堂した平和記念公園の向かいにそびえる高さ45mの堂。堂の正七面体角錐の形状は、世界7つの大陸と合掌の形を表している。堂内には高さ12m、幅約8mの「沖縄平和祈念像」が安置されている。これは沖縄出身の芸術家山田真山が18年もの歳月をかけて原型を制作し、伝統的な琉球漆工芸の技法で造られたもので、山田氏の平和への悲願が込められている。

　堂内壁面には平和をテーマとした連作絵画が飾られているほか、沖縄県内初の美術館も開館しており、平和祈念堂の理念に賛同した第一線で活躍する画家から寄贈された作品の数々を展示している。また、国内最大級の蝶で魂を象徴するといわれるオオゴマダラの飼育蝶園「清ら蝶園」もあり、様々な角度から命の尊さと平和の大切さを学べる施設となっている。

沖縄平和祈念像

おきなわワールド

地図P4B3　P68 参照

　沖縄最大級のテーマパーク。東京ドーム4個分の広大な敷地に琉球王国時代からの沖縄の歴史、文化、伝統や亜熱帯特有の自然を体感。見どころ満載な上に、土産物も充実しているので、時間に余裕を持って訪れよう。

　また、修学旅行生に向けて沖縄の社会課題の理解や、おきなわワールドの取組からSDGsについて学ぶ体験プログラムを用意されているので修学旅行で訪れる際は、ぜひ受けておきたい。

玉泉洞・入口
Cave entrance

2F レストランちゅら島
Restaurant
沖縄そば自慢 なんと屋
1F おみやげ専門店街
Shopping Center

一般駐車場
Parking lot
P

1

Start!

おきなわワールド入口
●チケット売り場　●総合案内所
Okinawa World entrance
Ticket booth　Information desk

B

地底へ！

カメ池広場

A 茶屋
三段花

南都酒造所
Brewery
地ビール喫茶 SANG

バス駐車場
Bus parking lot
P

7

ハブ博物公園
Habu Museum Park

東洋一洞
Touyoichido

青の泉
Blue Fountain

昇龍の鐘
The Bell of the Rising Dragon

槍天井
Ceiling of the Spears

玉泉洞 (ぎょくせんどう)

　約30万年間かけて形成された鍾乳洞(しょうにゅうどう)。鍾乳洞は石灰岩が地下水に溶かされることで形成した洞窟で沖縄だけでも600ヵ所以上存在する。この玉泉洞は、約150万年前の比較的新しい石灰岩に形成していることから地層に空隙が多く、そのため鍾乳石の発達が著しい。全長約5kmの玉泉洞には鍾乳石の数が100万本以上あるといわれ、国内でも最大級の規模を誇る。洞内一部は観光用の歩

道が設置されており、無数に垂下、林立する鍾乳石に自然が作り出す造形美を感じられ、「東洋一洞」、「青の泉」など見所も多く、変化に富んだ景観を楽しめる。ちなみに玉泉洞の観光洞エリアは890m、残り4000m以上は研究用に保存された未公開エリアとなっている。

ショー会場
Show Venue

国・登録有形文化財
琉球王国城下町
Ryukyu Kingdom Castle Town

熱帯フルーツ園
Tropical Orchards

上江洲家

かりゆし広場

ブクブクー茶屋

うちなー工芸

フルーツラボ

紙すき工房

紅型工房

藍染工房

陶器工房

フルーツパーラー

機織工房

琉球写真館

多目的ホール

王国歴史博物館

琉球ガラス 王国工房
Ryukyuan glass studio

黄金の盃
Golden Cup

銀河街道
Silver Highway

白銀のオーロラ
The Silver Aurora

玉泉洞 出口
Cave exit

絞り幕
Squeezing Curtain

WI-FI OK
Free SPOT
Free Wi-Fi

トイレ	駐車場	洞内非常電話
エレベーター	授乳室	車イス用トイレ
救護室	喫煙所	エスカレーター

🌺 熱帯フルーツ園 🌺

　沖縄では亜熱帯の気候と隆起珊瑚の独特の土壌を生かして多くの果物を作っている。マンゴー、パインアップル、シークヮーサーは日本一の産地を誇り、他県では目にすることのない珍しいフルーツもある。熱帯フルーツ園では約50種類、450本もの熱帯果樹が栽培されており、季節ごとの珍しい花や果実の甘い香りが楽しめる。

🌸 伝統工芸 🌸

　琉球王国時代に貿易立国として栄えた沖縄では、海外文化の影響を受けて多くの伝統工芸品が誕生した。沖縄の経産省指定伝統的工芸品は16品目あり、日本でもトップクラスの多さを誇るが、このうちの13品目は染織物と染め織り文化が非常に発達した場所でもある。ミンサー柄や紅型などが有名で特徴的といえる。「ヤチムン」と呼ばれる焼物は14〜16世紀に琉球に伝えられたいわれ、17世紀に薩摩藩が琉球を治めてからは朝鮮の技術を取り入れ独自の発展を遂げている。代表的なもので現在の那覇市にある壺屋で作られる壺屋焼がある。ここではこれら伝統工芸品の製作体験ができる。

🌺 琉球王国城下町 🌺

　沖縄らしい赤瓦の屋根の古民家が並ぶエリア。県内で明治後期や昭和初期に建てられた家やフール（トイレ）が移築され、国の有形文化財となっている。沖縄戦の戦禍を逃れた貴重な建造物で、沖縄の伝統的住居構成を学べるものであり、戦争の爪跡を残す沖縄の記録といえる。その文化財の古民家は体験施設ともなっており、紙すきや琉球藍染めなど体験工房として利用されている。他にも世界のシーサーコレクションを展示する琉球の自然・文化・歴史を分かりやすく紹介した「王国歴史博物館」がある。

🌺 スーパーエイサーショー 🌺

　エイサーとは沖縄の伝統芸能で、毎年お盆（旧暦7月13日〜15日）の最終日に本島や離島で行われる。もとは祖先をあの世へ送り出す念仏踊り事で、戦後に各地のエイサーを集めてエイサー大会が行われるようになり、現在のような魅せるエイサーに変化したという。三線（さんしん）や太鼓を鳴らし踊る様子は沖縄らしい風景といえる。ここではエイサーを大胆にアレンジしたパフォーマンスが楽しめるほか、獅子舞（ししまい）など多彩な沖縄芸能を観賞することができる。

🌺 ハブとマングースのショー 🌺

　マングースは明治43年（1910）にネズミやハブなどの害獣駆除を目的に移入された外来種。しかし、害獣だけでなく他の在来種も食べてることがわかり、捕獲の対象となってしまった。そんなマングースがウミヘビと水泳対決で大活躍しているのが、ハブの攻撃瞬間などを間近に見ることができる、このハブとマングースのショー。

🌺 ハブ動物公園 🌺

　沖縄の毒蛇（どくへび）として有名なハブ。沖縄県の陸地には22種類の蛇が棲んでおり、その中でも危険なのがハブ、ヒメハブ、サキシマハブ、タイワンハブの4種類となる。ここでは沖縄のハブ被害を少しでも減らしたいという目的で、ハブに関する様々な資料を展示している。またハブ以外にもマングースやカメなどの動物も飼育しており、沖縄の生物を学ぶ場としても活用できる。

『ビジターセンター・資料館』壕内で発見された
戦争当時の遺品や戦争関連資料を展示する

入口

『壕内』当時の壮絶な現場の様子がイラストで説
明されている

『壕内』カマボコ型に掘り抜いた横穴をコンク
リートと杭木で固めている

旧海軍司令部壕　地図P4A3 P69 参照

　昭和19年（1944）に日本海軍設営隊（山根部隊）がツルハシやクワなど、人の手だけで掘られた司令部用の地下壕。旧日本海軍の重要な軍事拠点であった小禄飛行場（現在の那覇空港）を守るために作られたもので、壕の長さは当時450mあり、最大4000人の兵士が収容されていたという。昭和20年6月4日沖縄戦、米軍が小禄半島に上陸、6日には飛行場も占拠された。米軍は戦車などの圧倒的な兵力で司令部壕に迫る中、大田實司令官は海軍次官あてに電文を送信、その内容は県民の献身的な戦闘協力と惨状を伝えるもので「**沖縄県民斯ク戦ヘリ　県民ニ対シ後世特別ノ御高配ヲ賜ランコトヲ**」と結んでいる。13日に司令官以下、幕僚・将兵たちが壕内で自決し最期を遂げたといわれる。

　戦後しばらく放置されていたが、数回に渡る遺骨収集の後、昭和45年（1970）に司令官室を中心に復元され、昭和47年に海軍壕公園として整備されている。内部はいくつかの部屋があり、砲撃に耐えられるよう重要な部屋はコンクリートや漆喰で補強されている。「**作戦室**」は作戦を練る重要な部屋で、壁をコンクリートと漆喰で固めた7.5㎡の広さの長方形の部屋となっている。「**幕僚室**」は司令部参謀など幕僚らが詰めた10㎡位のコンクリート壁の部屋で、幕僚が自決した手榴弾の破片の痕跡が生々しく残っている。「**暗号室**」は戦況等の上層部への報告、連絡等の電報発受信に使用された17㎡の広さの部屋。発信受信は暗号で行われ、ここから約2900通の電報が発信された。「医療室」は7.5㎡の広さがあり、当時、負傷兵用の二段ベッドが置かれていた。「下士官室・兵員室」は壕内に2か所、それぞれ13㎡の広さがあり、兵士が休息するために使われたが、戦闘が激化した時期には、壕内に4000名もの兵が集まり坑道も事実上の兵員室となっており、立ったまま睡眠をとる有様だったという。「**司令官室**」には大田實少将がいた場所で、壁面には、愛唱歌「大君の御はたのもとに死してこそ人と生まれし甲斐ありけり」の墨書が残されている。

　併設の資料館では、壕内で発見された遺品や写真など旧日本海軍についての資料が展示している沖縄の歴史を学べるとともに、戦争の悲惨さや平和の尊さを感じられる場所となっている。

©OCVB

那覇市伝統工芸館　地図 P26　P70 参照

©OCVB

永享1年（1429）に成立した琉球王国は15～16世紀に那覇を中心に盛んに貿易活動を展開し、明国や東南アジア諸地域を結びつける貿易ネットワークの中心に位置し、各地の産物を交易する中継貿易を行い、東アジア有数の交易国家として成長を遂げていた。交易は王府が運営する国営貿易であり、明への朝貢、中国産品（陶磁器など）、東南アジア産品（胡椒・蘇木）、日本産品（日本刀・屏風・扇子など）を交易する形態であった。貿易を通して様々な商品や文化を取り入れた琉球王国は独特の工芸を作り上げており、漆器や紅型・織物などが飛躍的に発展した。さらに17世紀以後、薩摩の支配下では外国からの物資が乏しくなったことにより、工芸品を自国で生産することになったため、工芸文化が花開き、今日まで受け継がれている。

館内には琉球ガラス・壺屋焼・びんがた・漆器・首里織の制作体験ができるほか、沖縄の伝統工芸作品を展示する展示室や、熟練の職人がひとつひとつ手作りで作った工芸品を販売するコーナーもある。

人間国宝の作品から、モニターを使って伝統工芸の制作過程をわかりやすく解説する展示室がある

手作りでしか実現できないきめ細やかさと温かみのある伝統工芸品を販売している

琉球ガラス

戦後、駐留米軍による廃瓶を再利用して再生ガラスを使う製法で作られるようになった琉球ガラス。独自の豊かな色合いや涼しげな気泡、丸みのあるやわらかい形が特徴的。

壺屋焼

素材には沖縄各地でとれる粘土と伝統的な釉薬や技法を使って作られている。見た目の荒さが特徴的な荒焼と、様々な色に発色する釉薬があり、焼き方によって色が変化する上焼がある。焼（やち）は沖縄方言。

びんがた

中国の型紙の技法、京友禅の手法も取り入れた沖縄で唯一の染物。型紙を当てて生地に糊を塗り、そのあとで取り去った型紙の模様の部分に色を差す染め方。

漆器

木地にデイゴなど弾力があり軽い南国植物を使い、漆による重みのある光沢や艶出しに最適な亜熱帯気候である自然環境や、堆錦などの独自の技術をもつ。

首里織

沖縄の風土に合った多種多彩な織り技法があり、その中でも特に、花倉織や道屯織は王家、貴族専用とされ、首里でしか織られなかった。

一番人気のスポット
「ウフシュガジュマル」

ツアーコース

イキガ洞

武芸洞

ガンガラーの谷 　地図P4B3　P69参照

　数十万年前の鍾乳洞が崩壊してできた太古の谷。約1kmのコースを予約定員制ガイドツアーでのみ入場することができる。ガンガラーの谷は約2万年前に生きていた旧石器人の「港川人」の居住地であった可能性があり、現在、発掘調査が行われている。調査の結果、数千年前の土器や石の棺、多数のカニの爪の化石（約2万年前）、世界最古の貝でできた釣り針（約2万3千年前）、人の骨（約3万年前）などが発見された。この地で暮らしていたかもしれない港川人が、海を越え日本本土に渡り、日本人のルーツとなった可能性も持つといわれる神秘的な場所をガイドツアーで巡ることができる。

　まずツアー参加者は鍾乳洞をそのまま使ったカフェスペース「ケイブカフェ」に集合し、出発。洞窟を抜けると亜熱帯の木々が生い茂る緑鮮やかな森に足を踏み入れる亜熱帯ならではのツルが巻き付いた木や、大きなシダ植物はまさにジャングル。さらに谷にはガジュマルの圧巻な光景が多数あり、生き生きとした自然の力強さを感じられる。さらに奥へ進むとイナグ洞（女性の洞窟）・イキガ洞（男性の洞窟）があり、命の誕生や子どもの健やかな成長を祈る場所として今でも拝み続けられている。古代人の痕跡が残るツアーの最後「武芸洞」では、貴重な発掘現場を実際に見学でき、現在も調査が行われているので、今後訪れた際にはアップデートされた新しい事実を聞くことができるかもしれない。

漫湖水鳥・湿地センター 　地図P4A2　P71参照

　昭和46年（1971）2月2日にイランのラムサールという都市で開催された国際会議で採択された正式名称「特に水鳥の生息地として国際的に重要な湿地に関する条約」、通称「ラムサール条約」。この条約は水鳥や人間など幅広い生態系を支える湿地の保全再生及び賢明な利用を促進するとともに、交流や学習の場として活用することを決めたもの。平成11年（1999）に条約に登録された漫湖は那覇市と豊見城市を流れる国場川と饒波川の合流地点に形成された河口干潟で、約100種の水鳥のほか、シギ・チ

センター外観

マングローブと水鳥

底生生物

ドリなどの渡り鳥が飛来する国内有数の湿地となっている。また、カニなど色々な野生生物が生息し、生態を観察できる場所として人気がある。

　漫湖水鳥・湿地センターは生物の保護と湿地の保全、賢明な利用の理解を深めるための「水鳥と湿地と人とをつなぐ場所」として平成15年（2003）に開館。1F**常設展示**では漫湖の生態系を再現した体験型のジオラマや、写真やイラストでそこに棲む生物を解説したパネル展示、80インチの大型ディスプレイで漫湖の自然を観察できる。2階の**観察展望室**では漫湖を一望することができ、景色や水鳥などのバードウォッチングを望遠鏡で楽しむことができる。他にも自然環境や水辺の生物を調べられる図書コーナーや、自然とのふれあい推進などの場として活用できるレクチャールームなどがある。

　1Fテラスからはマングローブ林の中を歩いて抜けられる木道が続いており、ミナミトビハゼやカニなどの底生生物を観察することができる。また、渡り鳥シーズンの秋から冬の時期にかけては、干潟を訪れる水鳥を間近で観察できる場所として有名。満潮時前後の時間帯が一番おススメ。

　訪れた際、干潟やマングローブの中を注意深く観察すると驚くべき発見や生物を見ることができるかもしれない。

1F展示室

木道

マングローブと水鳥

首里染織館suikara　地図P4B2　P69参照

　琉球びんがた事業協同組合と那覇伝統織物事業協同組合（首里織）の拠点施設として令和4年（2022）4月オープン。1階は展示ギャラリーと本物の染め織りを使った小物のショップ、2階はびんがた組合の工房と事務所、3階は首里織組合の工房と事務所がある。2階ではびんがた染め体験プログラム（60分／3,520円〜税込）、3階では首里織体験プログラム（60分／4,400円税込）を楽しめるほか、4日間かけてショールを染め上げたり、半幅帯やショールを織り上げる本格体験プログラムも実施。また、沖縄の染め織りに関するレクチャー（座学）も可能（要予約）。

今しか見学できない復元現場の見どころ

　首里城がよみがえるプロセスを見てもらうことで、あらためて琉球の歴史や文化を再認識してもらいたいという思いから「見せる復興」をコンセプトに復元・修復現場を公開している。

木材倉庫・原寸場見学エリア

　正殿前の広場「御庭」に立つ復元で使用する木材を保管・加工する木材倉庫と、倉庫内で行われる作業の様子が見られるガラス張りの見学エリア。木材

を加工する際に使用する実物大の図面を描くための原寸場があり、複雑な形に加工された部材を正確に組上げることができる職人たちの伝統技術を間近で見学できるほか、パネル展示と映像で正殿復元工程の解説も行っている。

大龍柱補修展示室

　正殿の正面階段の左右に立っていた大龍柱。火災により正殿焼失の際も、損傷はしたが奇跡的に立っていたもの。補修は完了しており、

首里城公園　世界遺産　地図P4B2　P69 参照

　沖縄（琉球）では1429年に「琉球王国」が成立し、明治12年（1879）までの450年間、日本史でいえば室町時代から明治時代まで長きにわたって国を治めていた。首里城の創建時期は定かではないが、1427年に建立された琉球最古の石碑「安国山樹花木之記碑（安国山樹華木之記）」よると、首里城の外に人口の池（龍潭）や周囲に木や花を植え、太平の世の象徴として永遠に記念することが記されいることから首里城周辺の整備を行なったのはこの頃と思われる。歴史上、何度か火事などにより焼失を繰り返したが、近年では昭和20年（1945）の沖縄戦の米軍による攻撃、現代では令和元年（2019）の火災により焼失し、正殿については令和8年までの復元を目標に現在取り組んでいる

　しかし、首里城周辺は中国と日本の文化を融合した独特の建築様式や石組み技術を利用した遺跡があり、「琉球王国のグスク及び関連遺産群」の1つとして平成12年（2000）には世界遺産に登録された場所である。守礼門をはじめとするいくつもの門などの文化財は残っており、琉球王国の文化を現在に伝える。

正殿復元の際の新しい大龍柱の見本
として活用される。また、大型モニター
では大龍柱の補修作業の様子も公開し
ている。最近では大龍柱を正面向き
にするか、相対向きにするかなど議論
が出て話題となっている。

首里城復興展示室

　正殿の屋根にあった獅子瓦の一部
や残存する奉神門の瓦など展示公開
している。黒く焼けた跡や焦げた跡が
はっきりと確認でき、当時の火災の激
しさを今に伝えている。またVTR「首
里城　復興へのあゆみ」を上映し、火
災発生から復興への始動を紹介。ほ
かにも首里城正殿の工事の進捗にあ
わせて、「木材」、「瓦」、「石材」、「漆（塗
装）」等のテーマで解説パネルや実物
の素材等を展示している。

世誇殿（大型映像設備）

　もともとは琉球王国時代、未婚の
王女の日常の居室。国王が亡くなると
次期国王の即位の儀礼が行われてい
た場所。大スクリーンで焼失前の正殿
や歴史を紹介する映像を上映しており、
タッチパネルでは復元される令和の首
里城を3Dイメージ図で楽しむことが
できる。

女官居室（ミュージアムショップ 球陽）

　御内原で勤める女官たちの居室。
現在は首里城オリジナル商品をはじ
め、伝統工芸品やお土産品を取り揃
えたミュージアムショップとなってお
り、店内外にはイートインスペースも
設けられ軽食を食べながら休憩できる
場所となっている。

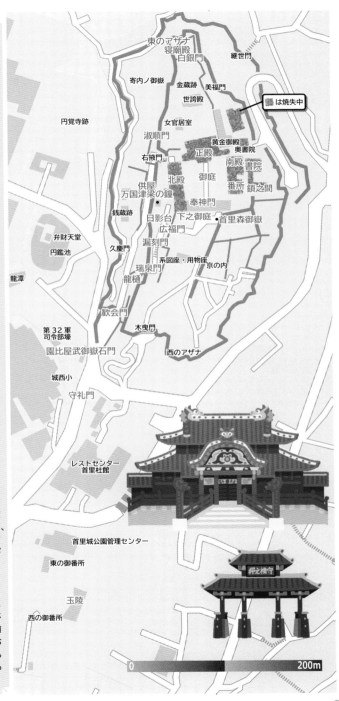

守礼門

県指定有形文化財

沖縄で最も有名で広く知られたシンボルの1つとなっており、首里城の象徴的な建造物で「守礼之邦（礼節を重んじる国）」を扁額に掲げている。中国の様式を取り入れた装飾建築で、和式特有の天竺様の組物や入母屋造りの屋根になっているが、沖縄独特の赤瓦の本瓦葺にもなっており、中国・日本・沖縄の建築技術や文化を取り入れた独創的な建築物となっている。昭和33年（1958）復元

園比屋武御嶽石門

世界遺産

国王が城から出かける際に、ここで道中の無事を祈願したといわれる。形は門であるが、出入り口としての門ではなく、いわば神への「礼拝の門」ともいうべき場所。門上部の扁額から1519年に建てられたもので琉球建築の石造建築としての意匠、構造もたくみである。石門は木製の扉を除き、主として琉球石灰岩、棟飾りなどは細粒砂岩で作られおり、屋根の垂れ木や唐破風、懸魚などが細部わたり彫り込まれた建築は見事。日本と中国の双方の様式を取り入れた琉球独自の石造建造物である。昭和32年（1957）復元

歓会門

「歓会」とは歓迎するという意味で、中国からの使者を歓迎するためにこの名前がつけられた。首里城郭内に入る第一の正門であり、アーチ型の石造りの門の上部に木造りのやぐらを置いた珍しい形。別名「あまへ御門」とも呼ばれており、「あまへ」は沖縄の方言で、「喜んで迎える」を意味している。門の両脇にはシーサーが置かれ、魔除けとして城を守っている。昭和49年（1974）復元

龍樋

龍の口から湧水が湧き出していることからこの名が付けられた。この湧水は王族のほかは中国から国賓に利用されたとされる。龍樋の周辺には冊封七碑という湧水を褒め称えた石碑が立っている。首里城が丘の上において豊富な湧水が得られたのは、丘の上部にある琉球石灰岩の層を通った雨水が、下部の水を通さない島尻泥岩にぶつかって湧き出したからである。平成4年（1992）供用開始

瑞泉門

歓会門の先にある2番目の門で、瑞泉とは「立派な、めでたい泉」を意味し、門の前にある龍樋にちなんでつけられた。門の両脇にシーサーが置かれている点では歓会門と同じだが、石造りの堀の上に木造りのやぐらを置いた日本の城郭でも見ることができる形をしている。平成4年（1992）復元

漏刻門 ろうこくもん

「かご居せ御門」とも呼ばれ、駕籠の使用を許されていた身分の
高い役人もここで降りる慣わしがあったとされる。漏刻とは中国語で
水時計を意味し、やぐらに水槽を設置し、水が漏れる量で時間を計
りお城の内外に知らせたという。瑞泉門と同じく石造りアーチのない
門となっている。平成4年(1992)復元

日影台 にちえいだい

漏刻門の水時計の補助的な役目をして使われ、十二支の刻ま
れた時刻盤（石の円盤）に銅製の棒を取り付け、太陽の動きととも
に移動する影の位置から、時刻を計った日時計。往時は二十四節
季に基づいて角度を変更していたが、現在は春分・秋分・夏至・冬
至の年4回変更している。平成12年(2000)復元

万国津梁の鐘 ばんこくしんりょう

日影台のそばに万国津梁の鐘を納めた供屋がある。この鐘は当
時首里城正殿に掲げていたといわれ、東南アジア諸国、日本、朝
鮮、中国との中継貿易で栄えた琉球王国をたたえる銘文が刻まれて
いる。「万国津梁」とは「世界の架け橋」という意味で、その存在感
の大きさを伺わせる内容となっている。展示されている鐘はレプリカ
だが、本物も沖縄県立博物館・美術館で観覧することができる。平
成12年(2000)復元

広福門 こうふくもん

広福とは福を行き渡らせる意味で、木造平屋建・入母屋造・本
瓦葺の朱塗りと赤で統一された建物で、建物自体が門の機能をも
つ。当時は役所としての機能を担っており、士族の財産をめぐる争
いを調停する「大与座」と、神社仏閣を管理する「寺社座」があっ
た。現在は券売所等に利用されている。平成4年(1992)復元

下之御庭 しちゃぬうなー

首里城正殿のある御庭の手前にある広場で、かつては御庭の行事
参加者の待合所になっていたとされる。現在は首里城祭や百人御物
参など、城内のイベント等で利用されている。庭の西側には家譜を
保管して琉球の歴史書などを編集した役所「系図座」や、城内で使
われる筆・紙・墨などの日用品や物品、中国や薩摩藩、江戸幕府など
への貢物を管理した「用物座」がある。両座は平成4年(1992)復元

首里森御嶽（すいむいうたき）

　首里城に10ヶ所存在したとされる御嶽（十嶽）の中でも、重要な拝所として位置づけられていた首里森御嶽は、屋根付きの門を構えた囲いの中にガジュマルとクロツグ、ビロウの木など小さな森がある。琉球の開闢神話によれば、ここは神が造った聖地であるとされており、琉球最古の歌謡集「おもろさうし」にもこの御嶽に関する詩歌が多数登場している。平成9年（1997）復元

奉神門（ほうしんもん）

　「神をうやまう門」という意味で、首里城正殿のある御庭に入る最後の門。門に向かって左側（北側）は薬、茶、タバコなどを扱った納殿、右側は城内の儀式などに使われた君誇（きみはこり）という部屋になっていたという。門には3つの入口があり、中央の入り口が身分の高いものが通れ、それ以外の役人は両端を利用していたされる。平成4年（1992）復元

御庭（うなー）

　正殿前の床の赤と白のコントラストが美しい広場。琉球王国の時代はここで様々な儀式が行われたという。床は磚（せん）という敷瓦を利用しており、儀式の際の立ち位置を測る目印ともなった。

北殿（ほくでん）

平成12年（2000）の九州・沖縄サミットの夕食会の会場となった北殿は、琉球王国時代は行政施設であり、中国の使者「冊封使」の接待場でもあり、幕末に黒船のペリー提督が訪れた時は北殿で宴が開かれたという。焼失

南殿・番所（なんでん・ばんどころ）

　南殿は薩摩藩の接待所として用いられていた所であり、日本風の建物で当時から朱色の塗装は施（ほどこ）してなかったという。日本風の儀式が行われた場所でもある。番所は正殿を訪れる人びとの受付や国王への取り次ぎ等を行った場所となる。焼失

書院・鎖之間（しょいん・さすのま）

　書院は国王が日常の政務や大事な客の接待に使うために、鎖之間は王子などの控所で、諸役の者たちを招き懇談（こんだん）するために使用されたという。釘（くぎ）はほとんど使われず、伝統的な工法で柱や梁が組まれている琉球建築で奥に茶室などもあった。焼失

正殿（せいでん）

　沖縄最大の伝統的木造建築で首里城の中心的な場所。外観の屋根の造りや彩色、龍の装飾など、日本や中国の建築様式を巧みに取り入れている。一方では二重屋根であるが内部は3階建であることや、正面の八の字型の石段や、唐玻豊（唐破風）の妻飾りに金龍や瑞雲、火焔宝珠が色鮮やかに施されている様子など、琉球独自の形式もうかがえる。一階は下庫理と呼ばれ国王自らが政治や儀式を行う場所となっており、国王の玉座である御差床の両脇の柱には金龍と五色の雲が描かれている。また記録によると、両脇の床には麒麟、鳳凰の絵が掛けられていたとされる。二階は大庫理と呼ばれ、王妃や身分の高い女官が使用した空間となっており、中央の絢爛豪華な御差床ではさまざまな儀式や祝宴が行われていたとされる。三階は主に通風のために設けられた屋根裏部屋となっている。復元工事中

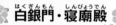 淑順門（しゅくじゅんもん）

　国王や王族、それらに仕える多くの女官たちが生活する私的な空間として活用されていた場所「御内原エリア」への表門で、一般人は通行することが出来なかったという。男子禁制の場で正殿を境に、西側が政治や外交を中心とした「外」の世界であったのに対し、ここは女性がすべて取り仕切るいわば「奥」の世界があった。平成22年（2010）復元

白銀門・寝廟殿（はくぎんもん・しんびょうでん）

　石造りアーチの上に入母屋造の石造りの屋根を冠した他との違う様式の門となっている。奥には国王逝去の際に遺体を安置する寝廟殿があったことから国王の通り道であったという。国王の遺体は最終的に守礼門を過ぎた先にある王家の墓・玉陵に葬られることになるが、それまでは寝廟殿に安置された。平成31年（2019）供用開始

東のアザナ（あがりのアザナ）

　首里城で一番東の高い場所にある物見台。標高約140mの位置にあるので、正殿から御内原までを一望できるほか、那覇港、那覇の街の景色が楽しめる場所となっている。漏刻門などとともに時刻を城内に知らせる役割を担った場所でもあった。平成31年（2019）供用開始

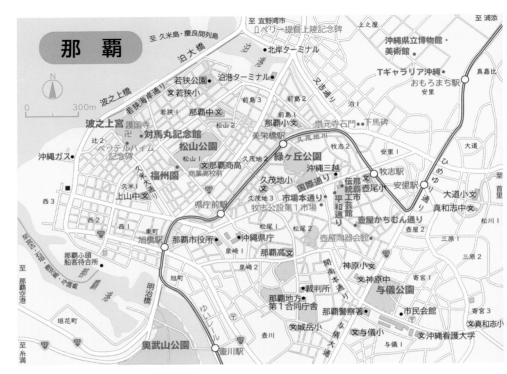

至 宜野湾市
至 久米島・慶良間列島
ペリー提督上陸記念碑
至 浦添
上之屋
沖縄県立博物館・美術館・
泊大橋
北岸ターミナル
Tギャラリア沖縄・
おもろまち駅
若狭公園
泊港ターミナル
文若狭小
若狭1
那覇中文
波之上宮
護国寺
卍 対馬丸記念館
松山公園
崇元寺石門 下馬碑
松山1
栄橋駅
綴ヶ丘公園
沖縄ガス
ベッテルハイム記念碑
松山1
文那覇商高
沖縄三越
安里駅
福州園
商業高校前
国際通り
伝統織物
久茂地小
那覇壺尾小
大道小文
上山中文
市場本通り
平和通り
工芸館
真和志中文
県庁前駅
牧志公設第1市場
壺屋かちもん通り
壺屋2
旭橋駅
那覇市役所
沖縄県庁
壺屋陶器会館
那覇高文
那覇ふ頭船客待合所
明治橋
那覇地方第1合同庁舎
神原小文
文神原中
与儀公園
至 那覇空港
裁判所
那覇警察署
市民会館
垣花町
文城岳小
文与儀小
文沖縄看護大学
奥武山公園
壺川駅
壺川
与儀1

©OCVB

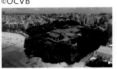

波上宮 地図P26 P70 参照

　沖縄県内には神社は少なく、全国8万を包括する神社本庁の地方機関である沖縄県神社庁が包括する神社はわずか10社、それ以外の神社を合わせても10数社にしかならない。なぜここまで神社が少ないかというと、沖縄には昔から独自の文化として御嶽という拝所が数多く存在し、本土の神社で行うような祭祀は、御嶽で行われていたからだと推察されている。波上宮はその数少ない神社の中でも、琉球王府から特別な扱いを受けた琉球八社の最も格式高い地位をもち、そ

対馬丸記念館　地図P26 P70 参照

　昭和19年（1944）7月、北マリアナ諸島のサイパン島の日本軍が全滅し、次は沖縄での決戦とみられる中、政府は食糧不足や足手まといを理由に沖縄・奄美大島・徳之島の老人や子供、女性を県外へ船で九州などに疎開させる計画を立てた。その数は10万人という大規模なものであった昭和19年8月21日、疎開する人々を乗せ那覇港を出発した貨物船「対馬丸」は、翌22日鹿児島県トカラ列島の悪石島北西約10kmの地点で、米軍の潜水艦の魚雷を受け沈没した。被害者数は原則「不明」だが、乗船者1788名のうち、約8割の人が犠牲になったといわれている。

　対馬丸記念館は多くの子供を含む民間人が犠牲になった事件を後世に伝えるべく平成16年（2004）に開館。建物は対馬丸の大きさや高さをもとに設計されている。館内展示は1階・2階と分かれており、2階第一展示室では対馬丸の航路図や、撃沈した米軍の記録がパネル展示されており、撃沈されるまでの経過が時系列で分かるようになっている。また、日本軍が撃沈されたことを隠すため箝口令を敷き、事件について家族や周りの人にしゃべる事が許されなかった苦しみを当時の子供の手紙などで紹介している。他にも1階の一部分は吹き抜けには、事件の詳細が約11分の映像で流れており、船から脱出した人が乗ったイカダの模型など設置されている

1階は対馬丸船底の様子が再現した木製の二段ベッドなどがあり、船内でどのように過ごしていたのかが分かる展示に始まり、犠牲者の学校と名前を刻字した展示や沖縄戦に関する貴重な資料映像が見られる視聴コーナーがある。学校の教室の様子が再現されている部屋では実際に使われていた教科書や賞状、通信簿、雑誌など展示するとともに、犠牲者の遺影と、残された数少ない遺品が展示されている。

ここは何の罪もない子どもたちが戦争という恐ろしい争いで犠牲になったことを訪れた人に伝えるとともに、戦争と平和、命の尊さについて考えさせてくれる場所となっている。

©OCVB

建物の大きさや高さは沈没した対馬丸の大きさに設計されている

2階吹き抜けにはイカダが展示されており、漂流した乗船者たちの様子が再現されている

の始まりははるか昔この青い海を見渡す崖の上が**ニライカナイ信仰**の聖地、拝所として祈りを捧げた場所であったことからという。御祭神には伊弉冊尊（いざなみのみこと）、速玉男尊（はやたまをのみこと）、事解男尊（ことさかをのみこと）がおり、家内安全・商売繁盛・厄祓・車祓・安産祈願などがご利益としてしられている。境内には美しい赤瓦の拝殿や狛犬ではない、魔除けとされるシーサーなどがあり、沖縄特有の南国らしさを感じる。また、波の上ビーチから眺める拝殿もさながら竜宮城を彷彿させる景観となっている。年間を通して多くの参拝客で賑わい、「なんみんさん」として親しまれている。

ちなみに波上宮の隣にある護国寺は1368年創建の高野山真言宗の寺院で、本尊は聖観世音菩薩。現存する寺院としては沖縄でいちばん古いといわれる。

福州園
ふくしゅうえん
地図P26 P71 参照

那覇市と台湾の対岸にある中国福建省福州市の、友好都市締結10周年の記念事業で平成4年（1992）に建設された中国様式の庭園。福州地方独特の伝統的な手法を用いて設計されており、建設材料も福州市に産出する石材・木材・瓦などが使用されている。総面積8,500㎡の広大な敷地内に、四季を象徴する「春・夏・秋冬」のテーマで区分された福州の原風景が庭園として配されている。

正面入口の大門をくぐり中に入ると、御影石と寿仙岩を石材とした「照壁」や、福州園の代表的な建築物「東冶堂」、「烏塔」・「白塔」の双塔、滝が流れる「冶山」など、中国式のさまざまな建築物があるほか、植物や清流、静かな池など細部にわたり原風景が表現されており、異国情緒を感じる場所となっている。

他にも福州園に隣接する「**クニンダテラス**」では、琉球王朝時代の交易を支えた久米村（クニンダ）の歴史、文化に触れる事ができる「歴史展示室」などもあり、かつての琉球と中国の深い関わりを感じ学べる場所となっている。

上／烏塔　下／冶山・冶亭（やざん・やてい）©OCVB

上4階、地下1階の建物を囲む真っ白な外観は、琉球王朝時代の城（グスク）をイメージしたもの　©OCVB

沖縄県立博物館・美術館（おきみゅー）　地図P26 P68 参照

平成19年（2007）に開館した博物館と美術館が併設された全国でも珍しい施設。愛称はおきなわ（Okinawa）のミュージアム（Museum）の略称でＯｋｉＭｕ（おきみゅー）。外観は沖縄を代表する建造物のグスク（城）とイメージした造りとなっており、外壁を琉球石灰岩や海砂（サンゴ）を使用したダブルスキンとすることで、外壁への強烈な日射の熱負荷を遮断し、台風の暴風雨から外壁や開口部を守っている。また、エントランスホール、美術館展示室への自然採光など建築に省エネルギーシステムも取り入れたことから2008年度グッドデザイン賞を受賞している。

博物館常設展示は沖縄の自然・歴史・文化を「海洋性」と「島嶼性」の2つの側面から分かりやすく解説。さまざまな化石の展示から始まり、縄文人の先祖にあたるか否かの論争が続いてきた港川人のレプリカ、琉球王国時代に首里城で実際に使われていた銅鐘、お墓の中や崖の下などに遺体を置いておき自然に朽ちるのを待つという方法で白骨化した骨を納めた骨壺などを紹介する総合展示と、港川人の最新の研究成果を発表する「自然史」、発掘調査によって出土した実物資料を展示する「考古」、古くから海外との交流が盛んだった琉球の「美術工芸」、豊かな外交・交易・交流を伝える「歴史」、

識名園　世界遺産　地図 P26 P69 参照

寛政11年（1799）に造営された琉球王家最大の別邸で、王族の保養地や、中国からの使者（冊封使）を迎える場として利用された。中央に「心」の字をくずした形の池（心字池）を配置した池泉回遊式庭園で日本庭園風でありながら随所に中国風の意匠感じられる沖縄独特の庭園といえよう。

総面積が41,997㎡の広大な敷地には見所が多数ある。池の水源のひとつである「育徳泉」は琉球石灰岩を沖縄独自の「あいかた積み」にした美しい曲線の石垣で囲われており、清涼な水が湧き出続けている。池のほとりに建てられた「御殿」は赤瓦屋根の木造建築から琉球文化が感じられる建物であり、最も格式の高い一番座、それに連なる二番座、三番座、台所茶室など15もの部屋がある。部屋では庭園の様子が見渡せ、静かで美しい景観が楽しめる。池には水面に映ると円形に見える琉球石灰岩で作られた大小の「石橋」が架かっており、池の小島には六角堂が立つ。ともに中国風の建築。また、人工物だけではなく、園内にはデイゴやガジュマルソテツなどの南国の植物も多数育成しており、かつて春は池の東の梅林に花が咲いてその香りが漂い、夏には中島や泉のほとりの藤、秋は池のほとりの桔梗が美しい花を咲かせ、常夏の沖縄にあって四季の移ろいも楽しめるよう、巧みな気配りがなされていたという。沖縄戦により焼失したが復元整備され平成12年（2000）にはユネスコ世界遺産（琉球王国のグスク及び関連遺産群）として登録されている。

識名園　©OCVB

「御殿（うどぅん）」赤瓦屋根の木造建築で15もの部屋がある

国際通り　地図 P26

デパートやお土産ショップ、飲食店、雑貨屋などが立ち並ぶ那覇のメインストリート「国際通り」の始まりは戦前の昭和9年（1934）。沖縄県庁や那覇警察署が移転してきたことがきっかけで道路の整備が始まった。当時は国際通りという名前ではなく、新しい県道ということで「新県道」と呼ばれていたという。旧那覇市中心部と首里市（1954年に那覇市と合併）を結んだこの道路は、当時は郊外の道で人家は少なく畑や湿地帯が広がっていたという。その後沖縄戦で市街地は焦土化し、終戦直後アメリカ軍に旧那覇市中心部の土地が接収されてしまったことにより、行き場を失った住民たちがこの新県道に集まったのである。まず壺屋地区の窯業業者

たちが、続いて牧志（まきし）地区の瓦職人たちが
と、次々と人が多く集まり、そこに食料品
や雑貨など日用品を売買する店が並び始
め非公認の闇市が広がっていった。昭和
23年（1948）には「アーニーパイル国際劇
場」という映画館が建てられ、連日多くの
人で賑わったことにより、映画館にちなん
で「国際通り」と呼ぶことが定着したという。
その後も娯楽施設の発展が続き、映画館
やデパート以外にも様々なお店が立ち並ぶ
ようになった。戦後の焦土化した土地が大
きな発展を遂げたことにより、国際通りの

©OCVB

約1.6kmをマイルに換算し、「奇跡の1マイル」とも呼ばれていた。その後、
米統治下で輸入品の関税が低かった沖縄に、本土からの多くの観光客が
ショッピングで訪れ始め、昭和47年（1972）の本土復帰や昭和50年の沖
縄国際海洋博覧会が開催され、国内外から多くの観光客が押し寄せるよ
うになった。こうした中で国際通りはこれまでの地元の人向けの商店や娯
楽施設ではなく、観光客向けの店が増えだす結果となり、現在では沖縄
の人気観光地として多くの人が訪れる場所となっている。

生活や文化について紹介する
「民俗」の5つの部門展示が
ある。美術工芸や歴史コー
ナーは年に数回展示替えも
行っている。
　美術館では沖縄や沖縄に
ゆかりのあるアーティストと
アジア諸国の近現代美術作
品を展示し、ニューコレク
ションシリーズなどのテーマ
を立てた展示と、編年的な
沖縄の美術を紹介する展示
を行っている。
　ほかにも屋外展示には、
沖縄の伝統的な高倉や民
家石獅子などの石造物、大
型の岩石標本がある。また、
隣接する「湧田窯展示棟」で
は17世紀頃に沖縄の窯業で
大きな役割を果たした湧田
窯（わくた）（がま）が発掘されたままの状態
で保存されている。
　中高生向けの学習プログ
ラムも用意されているので
訪れる前に学習しておくと、
より展示が楽しめる内容と
なっている。

商店街　地図P26

国際通りの裏手に広がる牧志・開南地区には、平和通りや市場本通り、むつみ橋通り
といったアーケード街が縦横無尽に通り、地元の人向けの繁華街となっている。

©OCVB

第一牧志公設市場
　沖縄戦が終わって間もない昭和26年（1951）に開設し
た鮮魚、精肉、野菜やフルーツ、加工品などの食材が
一同に集まる市場。「地域の台所」と親しまれている一方
で、近年では国内外の観光客からも人気を集める観光
スポットとなっている。
市場本通り
　菓子屋、餅屋が多く、老舗の伝統菓子店も点在して
いる。今でも正月お盆になると年中行事には欠かせない
郷土菓子を求めるお客で賑わう。近年は食べ歩きがで（に）き（ぎ）
る店が増えている。
平和通り
　戦後開南地区から牧志地区にかけて生まれた露店市
場が始まりと言われている。沖縄ならではの土産物屋が
多く、食堂・居酒屋でグルメを楽しむこともできる。当時
通り入口にあった平和館（映画館）にちなんで「平和通り」
に命名された。
むつみ橋通り
　平和通りや市場本通りと違い道幅は狭く、地元民向けの
店も多い。よりディープな雰囲気味わいたい方におスス
メ。昔ここに「むつみ橋」という橋があったことに由来する。

市場中央通り
　国際通りから市場本通り
を進んだ先の十字路より浮
島通りまでの約160mが市
場中央通りとなる。お土産品店、衣
料品、日用品雑貨など販売する店が
多い。
かりゆし通り
　市場中央通りの途中にある小さな
通り。果物やお菓子や雑貨のほか、
飲食店が点在する。
壺屋やちむん通り
　沖縄の伝統的な焼き物「やちむん」
の窯元や工房、販売店などが軒を連
ねる通り。約350年前、琉球王府が那覇周辺に散らばっ
ていた陶工を集めて作った陶器の街であり、他の通りの
喧騒（けんそう）とは異なる落ち着いた場所となる。通りには石畳や
石垣、赤瓦の屋敷、拝所など沖縄の伝統的建造物が多く、
壺屋焼や沖縄の焼物の歴史を展示とともに紹介する「那
覇市立壺屋焼物博物館」や、現存する唯一の荒焼窯であ
る「南ヌ窯（ふぇぬかま）」など見学できる見所も多い。

本島南部のその他名所

🌺 喜屋武岬 🌺 　地図 P4A4

国指定名勝・天然記念物である「喜屋武海岸及び荒崎海岸」の美しい海岸線の眺望が楽しめる場所で人気があるが、ここは沖縄戦最後の激戦地であった地域でもあり、逃げ場を失った住民や日本兵が身を投げたという。岬には「平和の塔」が建ち、沖縄戦で亡くなった人々の悲しい歴史も刻まれている。

🌺 玉城城跡 🌺 　地図 P4C3　P69 参照

国指定史跡である玉城城は琉球の創造神「アマミキヨ」が築いた城であるとの伝説があり、構造は一の郭、二の郭、三の郭の三つの郭からなる階段状の山城で天然の要害となっていた。しかし戦後に取り壊され、現在保存状態が良いのは一の郭のみ。琉球石灰岩をくり抜いた城門や、野面積み城壁が残り、祈りの場の聖域として多くの県民が訪れている。

🌺 知念城跡 🌺 　県指定有形文化財　　地図 P4C3　P69 参照

自然の石を積み上げた野面積みの石垣が残る古い城（クーグスク）と、一定の形に切った石を積み上げた切石積みで出来た新しい城（ミーグスク）の二つの郭からなる。火の神が祀られている祠や、友利御嶽と呼ばれる御嶽や拝所（うがんじゅ）があり、琉球王朝時代から祭祀「東御廻り（あがりうまーい）」の巡礼地として、県内から多くの参拝客が訪れる。

🌺 斎場御嶽 🌺 　世界遺産　　地図 P4C3　P69 参照

琉球王国最高の聖地と称される場所で国王が参拝し、最高位の神女である聞得大君の就任儀礼が行われたとされている。御嶽の中は6つの神域があり、大きな岩の前に敷かれた石畳で祈る大庫理（ウフグーイ）、海外の交易品が集まった寄満（ユインチ）、二つの鍾乳洞から滴り落ちてくる「聖なる水」を受け取るための2つの壺シキヨダユルアマガヌビーとアマダユルアシカヌビー、巨大な岩が寄り添うように重なり三角形のトンネルのようになっている奥に三庫理（サングーイ）、その右側の岩の上がチョウノハナとなっており、それぞれが拝所となっている。琉球国王はこの六カ所を参拝しながら、国家繁栄・安寧、五穀豊穣、航海安全などを神に祈願したとされ、その信仰は今も沖縄県民に根強く残っている。

🌺 沖縄空手会館 🌺 　地図 P4A3　P68 参照

琉球王国の士族が教養として学んだ護身術がそのルーツであるといわれており、その沖縄古来の武術と中国武術と融合し、現在の空手の基本が生まれた。館内の資料室では、空手・古武道の源流である「手（ティー）」の時代から現代までの歴史や武道家を紹介するほか、独特な鍛錬具や武具に関する資料を展示・公開している初心者向けの「空手体験コーナー」や「映像シアター」もある。

©OCVB

久高島 　地図 P4C4

　琉球の創造神「アマミキヨ」がニライカナイ（神の世界）から舞い降りた島で、琉球の歴史はこの島から始まったと伝えられている。島内には御嶽や史跡、神事が多数残されていることから別名「神の島」とも呼ばれている。また、島周辺の7割が国指定の天然記念物の植物群落となっており、豊かな自然と神秘的な拝所が混在する奥が深い島となっている。

金城町石畳道 　地図 P4B2

　琉球王国時代、首里城付近や首里城を基点として数多くの石畳道や石橋が存在したといわれ、戦後の道路整備でそのほとんどが破壊されたが、この金城の石畳道は約300m残っており、約500年前から現存している道となる。琉球石灰岩を敷き詰めた道と石垣、沖縄特有の赤瓦の家は、琉球王国を偲ばせる道として風情を感じる場所となっている。

玉陵 　世界遺産　地図 P4B2　P69 参照

　首里城の西側に位置する琉球王国歴代の王が眠る沖縄最大のお墓であり、全体の造りは古琉球の板葺き屋根の宮殿を表した石造建造物。棟には王家の尚家の家紋、牡丹、唐草、宝珠などが彫り込まれており、円塔の上には石彫りの獅子像がある。墓室は中室、東室、西室と3つの部屋があり、真ん中の中室は洗骨前の遺体を安置する場所、左の東室には歴代国王と王妃が葬られており、右の西室には石碑に記されている親族が葬られている。沖縄戦で大きな被害を受けたが、修復工事が行われ、往時の姿を取り戻し、沖縄で建造物としては初の国宝にも指定されている。

浦添ようどれ 　地図P4B2　P68 参照

　琉球王国誕生前の中山を勢力下においた支配者の城跡にある墓で英祖王が眠っているとされている。墓室は石灰岩の崖に二つの横穴掘り込んだもので、右が英祖王で左が尚寧王とその一族が葬られている。内部には遺骨を納めるための石厨子があり、仏像、花、獅子など彫刻が施されている。仏像彫刻としては沖縄最古のものといわれており、石厨子が中国からもたらされた岩を削って作られていることからも、この時代も中国文化を多く取り入れてことがうかがえる。内部は非公開だが、「浦添グスク・ようどれ館」に西室内部を再現している。ちなみに「ようどれ」とは琉球の言葉で「夕凪」を意味しており、その静かで穏やかなイメージから「墓」の意味に用いられているという。

浦添グスク　©OCVB

本島中部

沖縄市をはじめ、うるま市、読谷村など中小のまちが集まっているエリア。工芸や伝統芸能など体験施設はもちろん、動植物や自然と触れ合えるスポット、勝連城跡など世界遺産が豊富に点在する地域となり、文化・自然・歴史が学べる魅力がある。一方では米軍基地が集中しているため、コザやアメリカンビレッジなどアメリカ文化が色濃く出ている地域でもあり、異文化を体験できる場所となっている。ちなみに米軍が越来村の胡屋地区をKOZAと呼んだことをきっかけに、一般の人々もコザと呼ぶようになったと言われている。

琉球大学 地図P5A4 P71 参照

　昭和25年（1950）に米軍統治下で沖縄に設置された大学。当初、大学は沖縄戦で灰燼に帰した首里城の跡に創立された。1972年の本土復帰により国立大学へ移管した後、現在の場所に移転している。その間、琉球大学は学問の自由や大学の自治への干渉等、幾多の歴史的試練を経ながらも、地域の人材養成と知の創造に大きく貢献してきている。

　修学旅行などを対象とした**キャンパスツアー**では、日本最南端の国立大学の模擬授業や学食、校内見学を通じて大学の雰囲気を体験できるとともに、琉球大学の特色やキャンパスの魅力を学生ガイドが紹介してくれる。（要予約）

**修学旅行などを対象とした
キャンパスツアー**
【所要時間】約２時間３０分
【会場】琉球大学千原キャンパス
【人数】４０名（１クラス）〜１６０名
【申込み・問合せ先】
ＮＰＯ法人自然体験学校
TEL098-998-0330

©OCVB

アメリカンビレッジ 地図P5A3

　北谷町西海岸は沖縄戦の際、米軍の上陸地点となり、その多くの土地が米軍基地として接収された。利便性の高い平坦な地形であることから戦後の町の発展ため、町は返還要請に取り組み、昭和56年（1981）にハンビー飛行場とメイモスカラー射撃場が返還された。このことをきっかけにまちづくりが大きく進み、ハンビー飛行場跡地（42.5ha）の沿岸部には海浜公園が、中心部には郊外型大型ショッピングセンター等が整備され、その効果により主要幹線沿いには専門店、地区内の道路沿いには、ブティック、飲食店、フリーマーケットなどが立ち並び商業集積が急速に進展していった。また、メイモスカラー射撃場跡地（22.9ha）についても、緑化・景観建築協定等を取り入れた「まちづくり協定」と建築物の用途、土地利用等を規制した地区計画制度の導入により、商業・業務施設を中心とした都市環境が整備された。さらに桑江地先の埋め立てで誕生した美浜地区にはサンセットビーチ、陸上競技場や屋内運動場（北谷ドーム）、野球場、テニス場、ソフトボール場などのスポーツ・レクリエーション施設が建設され、民間活力を生かした都市型のリゾート開発も行われたことで、今や沖縄観光に欠かせないエリアとなったのである。

ビレッジ内には気軽に立ち寄れるサンセットビーチや、ビーチアメリカの文化を通してファッションを楽しめるショップ、アメリカンレストラン、沖縄料理店、土産屋などが数多くあり、個性あふれる町並みが訪れる人を楽しませている。

中城城跡 世界遺産
地図 P5B4 P70 参照

15世紀の初頭に先中城按司と護佐丸の手によって築かれた城とされ、沖縄戦の戦禍を免れて沖縄でもっとも原型をとどめた城といわれている。城は連郭式で六つの郭からできており、南は断崖、北は傾斜地となり、自然の地形を巧みに利用した**美しい曲線の城壁**と石畳の道、アーチ型の城門などがある。一の郭と二の郭は布積み、三の郭と北の郭は相方積みと呼ばれる手法が用いられており、幕末の黒船ペリー提督一行が沖縄に立ち寄った際、その石造り建築の構造を称賛したとされている。また、戦争中に軍が防空壕を作ろうと試みるが、そのあまりの堅牢な造りに、断念したという話がある。

城内には首里の王を拝む首里遙拝所のほか、神の島・久高島を拝む久高遙拝所など8つの拝所があり、城郭内に水を確保するための井戸があったことや、中国製陶磁器、地元産のグスク土器などの生活用品や、弓矢のヤジリ、刀のツバ、甲冑等の武具類が出土ことから、長期の籠城にも耐えうる強い守備力をもっていたことがうかがえる。

標高160mに及ぶ高台から海を臨む眺めもすばらしく、古くから沖縄県民の信仰の地や観光地として多くの人が訪れる場所となっている。

沖縄こどもの国
地図 P5B3 P68 参照

昭和45年（1970）に本土復帰記念事業として計画・開園した子供向けのテーマパーク。開業してからこども博物館、爬虫類園、水族館、遊園地などの施設が開業し、多くの県内外の人が訪れる場所となった。その後、子供の国未来ゾーンとして人材育成施設ワンダーミュージアムやチルドレンズセンターができ、現在も沖縄県唯一の本格的動物園があることで人気がある。

動物園には令和4年（2022）にオープンしたワニやヘビなどの爬虫類やジャガーやアリクイなど熱帯地域に住む動物を飼育展示した新エリアや、沖縄ならではの暖かい気候を活かした飼育展示を行う日本・世界の動物たちのエリアのほか、**ヤクシマザルや琉球犬**など琉球固有種の様々な動物たちを間近に観察することができ、琉球の自然・動物の生態を学ぶうえでも活用できる場所となっている。

ワンダーミュージアムでは「理解と創造は驚きにはじまる」というコンセプトのもと、科学、アート、哲学をテーマに「きづきの森」「ふれあい市場」「光のアトリエ」「ボール・サーカス」「そうぞう工房」の5つの展示エリアで実際に触って体感できるハンズオン展示や、ワークショップを体験することができる場所となっており、こどもたちの好奇心をそそる様々な展示品がある。

©OCVB

©OCVB

中村家住宅
地図 P5B4 P70 参照

　戦前の沖縄の住居建築の特色を全て備えている建物。中村家の先祖である賀氏は護佐丸（中城城主）が読谷から城を中城に移した際に築城の師としてこの地に移り住んだと伝えられている。18世紀中頃に建てられた沖縄の上層農家住居の当時の暮らしを知る貴重な遺構として国の重要文化財となっている。

　建物は母屋（ウフヤ）、離れ（アシャギ）、家畜小屋兼納屋（メーヌヤー）、豚小屋（フール）、高倉（籾倉）などがある。母屋は客間の一番座、仏壇を置く仏間の二番座、居間の三番座などに分かれており、日本式の木造建築でほとんど釘を使わない特徴や、風水を重要視する習い、家の向きを南西にして座敷や客間を南東に向けた特徴がある。また、先祖崇拝を重んじる沖縄ならではの仏間を家の中心に置くという特徴もある。奥には台所（トゥングワ）もあり、かまどの奥に家を守る火の神（ヒヌカン）が祀られている。沖縄特有の色鮮やかな赤瓦が映える屋根の上には、魔除けの

東南植物楽園　　地図 P5B3　P70 参照

　昭和43年（1968）、農場だった敷地に熱帯の国々から集めた植物を植栽するところから始まった東南植物楽園は、開園50年以上の歴史を誇る沖縄の観光スポット。園内は水上楽園エリアと植物園エリアに分かれており、約1,300種類の植物が観賞できる。

　水上楽園では数多くのヤシの木や、ガジュマルなどの熱帯・亜熱帯植物が観賞できるほか、「精霊が宿る木」や「母の木」とも呼ばれるバオバブやフィリピン諸島の一部の熱帯雨林地域にのみ自生する貴重な植物ヒスイカズラ、世界一長寿とされ真っ赤な樹液を流すことから名付けられた竜血樹、5月下旬から7月上旬にかけて美しい花を咲かせるハスなど、見所が多い。また水上楽園ではカピバラやリスザルと触れ合えるコーナーや、自然さながらに暮らす鳥たちを間近で観察できるバードオアシスなど多数の動物も飼育されており、土・日・祝日限定でバードパフォーマンスショーなども楽しめる。

　植物園は美しい並木道をつくる高さ20mを超えるユスラヤシが必見で、ほかにも沖縄で昔から活用されてきた「島ハーブ」や、亜熱帯で育つハー

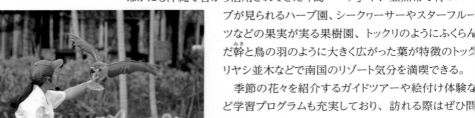

ブが見られるハーブ園、シークヮーサーやスターフルーツなどの果実が実る果樹園、トックリのようにふくらんだ幹と鳥の羽のように大きく広がった葉が特徴のトックリヤシ並木などで南国のリゾート気分を満喫できる。

　季節の花々を紹介するガイドツアーや絵付け体験など学習プログラムも充実しており、訪れる際はぜひ問い合わせて頂きたい。

勝連城跡 かつれんじょう 世界遺産　地図 P5B3　P68 参照

　12～14世紀にかけて築城されたといわれ、海外との交易により14世紀から15世紀にかけて栄えた城である。1458年に城主阿麻和利が首里王府軍により攻め入られ敗北したことにより廃城となった。その後の歴史については17世紀頃まで、周辺の民衆により何らかのかたちで利用されていたとされているが、詳細は不明となっている。

　城は勝連半島の南の付け根部にある標高60～100mの丘陵（きゅうりょう）に位置し、自然の地形を利用して石灰岩の石垣をめぐらせた五つの曲輪（くるわ）からなる。北西の最高部から**一の曲輪**、**二の曲輪**、**三の曲輪**、**四の曲輪**へと階段状に低くなり、再び南東側の**東の曲輪**で高くなっている。東の曲輪は水場の確保のための軍事的に重要な場所であったとされ、二の曲輪には正面約17m、奥行き約14.5mの比較的大きな舎殿跡があり、また城が構築された時代の屋根は板葺き（いたぶき）が主流であったが、大和系の瓦も付近から発見されている。四の曲輪では二の曲輪の舎殿と同様の建物跡がみつかり、三の曲輪の広い空間では、政治的な儀式などが行われていたと考えられている。勝連城内で最も高い位置に築かれた一の曲輪はかつて海外との交易が盛んであったことから宝物殿のようなものがあったのではないかと考えられている。

　城内には他にも「玉ノミウヂ御嶽（うたき）」や「肝高の御嶽（きむたか）」などの拝所があり、水の量で一年の豊作を占う場所といわれる「ウタミシガー」や、城内から出られない若者たちがそこで恋をしたという言い伝えが残る、縁結びの井戸「ミートゥガー（夫婦ガー）」など複数の井戸がある。

　一の曲輪からは沖縄本島北部の山々や金武湾（きんわん）、伊計島（いけいじま）、平安座島（へんざじま）などの離島を望むことができ、知念半島から中城湾（なかぐすくわん）や、久高島（くだかじま）、中城城跡までが一望できる景勝地としても名高い。

シーサーが構えていて家を見守っている。離れは母屋の東に位置し、二男三男が分家するまでの宿泊所、あるいは首里王府の役人たちが地方を巡視する際に宿泊所として使用したといわれている。ほかにも、高さ2mを超える石垣に囲われ敷地内に入るための入口には門扉はなく、奥に顔隠し塀（ヒンプン）を設けて母屋を見通せないようなっている。これは中国の屏風門にならって邪気の侵入を防ぐためといわれている。

　このように日本式と中国式の良さを取り入れた落ち着いた雰囲気の屋敷であるが、台風などの災害から家を守るよう工夫した独特な住居建築ともなっており、訪れた際はその造りを細部までご覧いただきたい。

©OCVB

本島では珍しい水牛車　亜熱帯の木々の中をゆっくりと揺れながら園内探索できる　©OCVB　約1kmの湖を湖水鑑賞船で楽しめるジャングルクルーズ

©OCVB

海中道路
地図P5C3

平安座島と本島を繋ぐドライブで人気のコース。その歴史は約50年前に遡り、当時の平安座島の島民が本島に渡る方法は、潮が引く干潮時に約5kmの浅瀬を歩いて渡る「潮川渡い（スーカーワタイ）」か満潮時に利用する渡船のどちらかであった。しかし、当時は干満の状況が分からず数名の犠牲者がでる悲劇が起きていたという。昭和36年（1961）に島民が自力で海中道路を建設、800mまで完成したが台風の影響で流されてしまった。それから数

ビオスの丘　地図P5B2　P70参照

「ビオス」とはギリシャ語で「生命」の意味。うるま市の石川高原と呼ばれる高台に位置し、平成10年（1998）に開園。約33万㎡（東京ドームの約7倍）の広大な敷地をもつ当施設には、亜熱帯の自然が再現されており、野生のランや沖縄に自生する植物を観賞できるほか、昆虫や鳥、動物たちともふれあうことができる。

園内には全長およそ2kmの自然散策路が整備されており、ヒカゲヘゴやシダ植物など様々な植物を観察できる。園内を**水牛**の引く牛車に乗って散策するアクティビティでは、牛のゆったりとした歩みに揺られながら、じっくりと景色が楽しめ、ビオスのことや沖縄の話を聞くことができる。また、約1kmに及ぶ曲がりくねった湖を巡る**湖水観賞舟**があり、水辺に生息するユニークな植物や水辺に集まる小動物や昆虫を観察でき、船頭の軽妙なトークを聞きながら進んで行くジャングルクルーズは人気となっている。ほかにも、島ヤギやアグー（豚）、ニワトリなど沖縄で家畜として親しまれてきた動物がいるコーナーや、伝統衣装やおもちゃなど琉球の文化を体感できるコーナーなどがあり、沖縄の自然・文化・歴史を学べるスポットとなっている。

園内には休息できる芝生やベンチ、ハンモックなどもあり、何もしない贅沢な時間を過ごす場所としても活用できる。

琉球村 地図P5A2 P71 参照

沖縄の文化・芸能・自然を見て体験できるテーマパーク。昭和57年（1982）オープン。村内は昔ながらの赤瓦の古民家が移築されており、**旧仲宗根家**（1808年建築）や**旧大城家**（1808年建築）など国の登録有形文化財となっている建物が多数あるほか、オリジナルシーサーの絵付け体験や沖縄ガラスを使った万華鏡製作体験など沖縄ならではの体験プログラムが充実している。

入口から入った先にある園内中央広場では1日4回沖縄の代表的な**伝統芸能エイサー**が行われている。エイサーとは旧盆（旧暦7月15日）にかけて先祖をあの世に送り出す大切な踊りで、その歴史は古く、起源は定かではないが元は念仏踊りであると言われ、踊りの始めは念仏歌で踊られる。また、エイサーの名称については「おもろさうし」（琉球の古い歌謡集）の40巻に残る「さおもろ」という言葉が語源という説と、演舞中の「エイサー　エイサー　ヒヤルガエイサー」の囃子詞からという説があり、未だに確証を得ていない謎の踊りとされている。しかし、太鼓、踊り手で地謡という三線弾きに合わせて囃子をたてて踊る様子や統制のとれた隊列の動きは多くの人々を魅了している。現在沖縄では、青年会の伝統エイサーの他にも、アクロバティックに演出された創作エイサーの活動も盛んになっている。

村内ではほかにも伝統衣装が体験できるコーナーや、青の洞窟でシュノーケリングやダイビングができる体験教室、食事処・お土産屋があり、沖縄満喫できる場所として人気の観光地となっている。

年がたった昭和42年にアメリカの石油会社ガルフ社が沖縄進出を目的に島に石油備蓄基地の建設を要請、島民は本島との海中道路の建設を条件に土地貸与に同意した。昭和46年ガルフ社の出資によって海中道路建設工事が行われ、着工から35日間で本島と接続し陸続きとなった。のちに沖縄石油精製株式会社から与那城村に海中道路は寄贈され、「世開之碑」が建立された。平成11年（1999）には海中道路は4車線にリニューアルされ、週末はBBQ客やマリンスポーツを楽しむ人で賑わっている人気の場所となっている。橋の中ほどにある**「海の駅あやはし館」**2階は資料館となっており、古くから沖縄で使用されてきた木造船のほか、漁業で使用される道具などが展示されており、沖縄の海の文化を学べる場所となっている。

©OCVB

©OCVB

やちむんの里
地図P5A2 P71 参照

　「やちむん」とは、沖縄で作られる焼き物のことをいい、天和2年(1682)に琉球王朝は産業振興目的で、琉球各地に分散していた幾つもの窯場を市街の壺屋地区に集めた。これがやちむんの「壺屋焼」の始まりである。当初の製法は荒焼が主流で、水甕や酒壺などをコンテナ代わりにして海外へ輸出したり海産物を入れて輸入したりしていた。のちに釉薬を用い、絵付けなどの装飾を施す製法の上焼が焼かれるようになると、壺屋焼は皿や器などの家庭用品として発展していった。

　大戦後、住宅密集地となっていた壺屋では登り窯の黒煙が問題視され、当時の社会問題であった公害対策のために那覇市では登り窯の使用を規制し、薪による窯使用を禁止し、ガス窯を使用することを促した。後に郷土の陶工で沖縄県初の人間国宝にもなった金城次郎など昔ながらの製法にこだわる陶芸家たちは、公害対策のために沖縄県中部の読谷村へ工房を移し、「やちむんの里」を形成。現在では19の工房が集まる地域のことをいい、各々売店、展示場など併設されている。

むら咲むら　地図P5A2 P71 参照

　平成5年(1993)に放映されたNHK大河ドラマ「琉球の風」のオープンスタジオであった。「琉球の風」は17世紀初頭、摩の侵攻で苦難に陥った琉球王国が舞台で、近代琉球の発展に尽くす主人公とその弟を中心に、若者たちの人間模様を描いた大河ドラマ。通常一年の大河ドラマ唯一の半年間放送であった。放映後にはテーマパーク「南海王国・琉球の風」としてロケ地をそのままに撮影で使用した衣装などを展示した観光施設と人気を得た。その後、施設は閉鎖され、読谷村に譲渡、読谷村は地元商工会に地域活性化への利用を促し、「体験王国むら咲むら構想」が始まったという。そして、平成11年(1999)に商工会の村興し塾生メンバーによって、華やかな王朝文化を築いた15世紀頃の町並みを再現したテーマパークが完成。多くの修学旅行生や観光客が集まれ人気の観光地となっている。

　石垣や赤瓦屋根の家屋など忠実に再現された園内では、沖縄の伝統工芸や料理などが体験でき、その数は32の工房101種類。修学旅行用の体験プランなどもあるので公式HPを確認していくとよいだろう。

体験一覧		
★伝統工芸	★マリン体験	サーターアンダギー
琉球吹きガラス体験	海釣り体験	作り体験
陶芸壁掛け面シーサー作り	シーカヤック体験と自然観察	パインジャム作り
紅型etc…	シュノーケリング体験	お手軽ちんすこうづ
★平和交流	etc…	くり体験
銭湯体験	★ライフカルチャー体験	etc…
よみたんサイクリング	とんぼ玉手作り体験	★芸能文化体験
よみたんトレッキング	琉球藍アクセサリー作り	沖縄空手体験
★農業体験	素焼きシーサー色付け体験	琉球舞踊体験
黒糖手作り体験	etc…	本格エイサー体験
★スポーツ体験	★手作り料理体験	etc…
レーシングカート	沖縄伝統菓子作り	
セグウェイガイドツアー		
乗馬体験		
etc…		

©OCVB

©OCVB

残波岬
地図P5A2

沖縄本島中部の読谷村にある東シナ海に大きく突き出している岬。高さ30mほどの隆起サンゴ礁の断崖絶壁が2kmに渡って続く景勝地であり、岬の北側のエリアは海岸国定公園に指定されている。晴れた日には慶良間諸島まで眺望できる人気の観光地となっており、また磯釣りやダイビングのポイントとして地元の人たちにも人気がある。ゴツゴツとした岩場に波が激しくぶつかり白いしぶきとなる様子は白い砂浜とは違う豪快な沖縄の海を体感できる場所となっている。

残波岬は古い時代から海洋航路の目印になっており、沖縄戦の際に米軍はこの岬を目印に読谷海岸に上陸したといわれている。昭和49年（1974）には白亜の残波岬灯台が建てられ、現在でも内部を一般公開している。地上から灯頂まで高さ31mの灯台をのぼると、青い海と複雑な海岸線、打ち寄せる白い波が眼下に広がり、沖縄の貴重な自然遺産の一つを堪能できる。

ほかにも、中国と交流した文化を後世に伝えるために制作された高さ8.75m、長さ7.8mを誇る残波大獅子や、当時は危険だった中国貿易のための船旅を何度も成功させ、英雄として崇められた読谷村の豪族泰期像などがあり、岬の自然だけではなく沖縄の歴史を感じさせてくれる場所となっている。

恩納村博物館　　地図P5B2　P68 参照

　海と山に囲まれた恩納村は県内最大の観光リゾート村として全国的にも注目されている。ここは昔の恩納村の暮らしや文化を模型や映像などを使って分かりやすく紹介している博物館で自然とともに生きてきた恩納の人々の歴史を学ぶことができる。

　エントランスは2階になっており、大きなガラスの壁のあるホールからは外を見ると恩納の青い海が広がって見える。常設展示室は「恩納のくらし」（民俗ゾーン）と「恩納のみち」（歴史・考古ゾーン）の2つのゾーンから構成されている。等身大のリアルな人形で仕事をしている様子を再現し、海や田畑の自然の恵みで生活していた恩納村の人たちの仕事について紹介している**第1展示室**や、「シマ」といわれている共同体で生活していた人々の暮らしや信仰を生活道具などの民具から紹介する**第2展示室**、当時の村人たちのグスク、宿道、仲泊遺跡などの足跡をたどりながら村の歴史をさかのぼる**第3展示室**がある。さらに、現在恩納村で行われているウシデークや豊年祭などの、たくさんの伝統芸能や祭祀の映像を上映しているシアタールームもあり、恩納村の新たな情報や魅力を展示資料から発信する企画展示も行われている。

　隣接する恩納村文化情報センターでは恩納村の観光情報を配信するフロアや、図書館、展望台などがあり、地域の利用者だけでなく、恩納村を訪れた観光客への情報発信施設としても充実している。

「第1展示室」当時の漁の様子が人形で再現されている

「第3展示室」「恩納のみち」をテーマに恩納村の現代から過去まで分かる展示物を見学できる

©OCVB

金武観音寺
地図 P5C2 P69 参照

　観音信仰では南の海の果てに補陀落浄土はあるとされ、その南海の彼方の補陀落を目指して船出することを「補陀落渡海」と呼ばれていた。16世紀に現在の和歌山県那智勝浦から補陀落渡海を行い、沖縄本島東部の金武へ渡ってきた日秀上人が創建したのがこのお寺である。沖縄県下の社寺建築の多くは沖縄戦で焼失したが、奇跡的に観音寺本堂は戦災を免れ、屋根を琉球赤瓦で葺くなど、戦前の古い建築様式を現在に伝える貴重な木造建造物となっている（昭和17年建築）。寺の敷地内には推定樹齢約350年を超えるフクギをはじめ、ブーゲンビリア、アカギ、クロトン、オオタニワタリなど沖縄を代表する花木があるほか、本堂の横には全長270mほどの鍾乳洞日秀洞があり、観音寺鎮守「金武権現」（神様）と「水天」（仏様）が祀られている。明治政府の神仏分離令後も神仏習合の形態が変わることなく受け継がれてきた事も沖縄の寺の特徴である。静かな境内だが、入れ替り立ち替り参拝者が訪れ、日秀上人がいかに人々から慕われていたかが伺える場所となっている。

万座毛　地図P5B1　P71 参照

　東シナ海に面し、琉球石灰岩でできた高さ約20mの絶壁があることで有名な景勝地。海崖上は天然芝で覆われ琉球王朝の尚敬王が「万人を座らせるに足る毛（毛＝野原のこと）」とたたえたことから，この名がついたという。沖縄海岸国定公園に指定されており、海岸沿いは遊歩道が整備され、海風にあたりながら沖縄の青い海を楽しむことができる。遊歩道を進むとまず見所は巨大な穴が穿たれた奇岩「象の鼻」。長い年月をかけてできた隆起サンゴの断崖絶壁は、象の鼻の形に見えることで知られている。ほかにも岬を形成する隆起サンゴのダイナミック岩肌が、歩を進めるごとに異なる景観を見せてくれるので様々な角度と時間から海を眺めるのがおススメである。

　令和2年（2020）には**万座毛周辺活性化施設**がオープンし、恩納村の特産品をはじめ、お土産に人気の工芸品やお菓子などを販売するショップや、沖縄の名店を集めたグルメが楽しめる。3階には無料展望デッキもあり、パノラマに広がる青い海と緑豊かな草原が堪能できる。

　近場の「恩納村営ナビービーチ」や「万座ビーチ」では、マリンアクティビティも充実しており、水上バイクなどで海側から万座毛を眺めるのも面白い。

沖縄海岸国定公園とは

　沖縄本島読谷村残波岬から羽地内海を含めた国頭村辺戸までのサンゴ礁に縁取られた西海岸と、固有の生物相をもつ与那覇岳、名護岳、本部半島カルスト地域からなる陸域6,817ヘクタール、海域12,535ヘクタールの区域。これら地域は沖縄の亜熱帯気候を代表する自然の風景地となっている。一部の動植物については、採取・捕獲が規制されているので注意すること。

ブセナ海中公園 地図P5C1 P71参照

　名護市と恩納村との境にある沖縄本島で唯一の海中展望塔とグラス底ボートがあり、自然環境下における海洋生物の生態を間近で観察するできる場所。昭和56年（1981）には第8回ウィンドサーフィン世界選手権が開催され、平成12年（2000）には沖縄サミットの舞台となった場所であり、名護市喜瀬にある部瀬名岬（沖合300mまで）から恩納村の名嘉真崎（沖合200m）を結ぶ海域は、稀少なサンゴや色彩豊かな魚類が豊富に生息していることから沖縄海岸国定公園の**海域公園地区**に指定されている。

©OCVB

　海岸から170mの沖合にある**ブセナ海中展望塔**では約5mの階段を下りるとガラス窓から海底に広がるサンゴ礁や、カクレクマノミやツノダシなど熱帯の色鮮やかな魚が海中を彩る様子が観察できる天然の水族館になっている。また、クジラ型の**グラス底ボート**に乗って沖合の海中散策を楽しむこともでき、ボートの底から見る美しい沖縄の海を泳ぐ魚は手が届きそうなほど間近で海の世界を満喫できるだろう。

座喜味城 世界遺産 地図P5A2 P69参照

　15世紀の初頭に当時築城家として名高かった読谷山按司の護佐丸よって築かれたとされる。護佐丸は当初、座喜味の北東約4kmにある山田グスク（現恩納村）に居城していたが、北山城（今帰仁城）攻略に参戦した頃に敵からの防御や長浜港を控えた地の利を考えて高台にある座喜味に築城し、琉球初の統一国家成立に大きく貢献したとされている。

　標高120m余の丘陵地に立つこの城は2つの郭で構成されており、城壁の高さは3〜13mと幅広く、屏風のようにいくつもの曲線を組み合わせた構造となっている。この**独特の城壁のライン**と各郭に設けられた沖縄に現存する最古のアーチ門両側の中央部分にはめられた「**くさび石**」、石積みの精巧さや美しさは当時の優れた築城技術を表している。

　城壁の最も高いところから読谷村のほぼ全域を眺望することができ、高台から一望できるパノラマビューと沖縄の自然は訪れた人を魅了している。晴れた日には水平線に沈む夕日がとても綺麗なことで有名。

©OCVB

提供：ユンタンザミュージアム

中城城跡　©OCVB

斎場御嶽

玉陵

ユンタンザミュージアム　地図P5A2　P71 参照

　平成30年(2018)6月、前身である読谷村立歴史民俗資料館がリニューアルオープンして開館したのが当施設。世界遺産・座喜味城跡に隣接しており、読谷村の歴史・民俗・文化・美術・工芸・自然などが紹介されている。

　常設の展示室3つあり、**展示室1**は先史時代から戦後までの読谷の歴史や座喜味城跡の概要を紹介しており、伊良皆の獅子舞や、手に触れてみることができる城壁パズル座喜味グスクのジオラマなど体験展示や、村内の遺跡や織物、焼き物など実物資料も展示し読谷村の伝統文化の魅力を発信している。**展示室2**には沖縄で古墓の最もポピュラーな形態をした実物大レプリカの亀甲墓がある。墓の上に亀の甲羅を乗せたような形状となっている。亀甲墓は琉球王国の時代が終わった明治中期から昭和初期に増えたとされ、沖縄では遺体を洞窟や岩陰に安置して白骨化するのを待つ風葬の文化であったためとされる。墓室には入ることができ、関連して遺骨などをおさめる厨子も展示している。伝統的な民家の展示もあり、台所や仏壇など実際に靴を脱いで上がって間近で展示物を見学することができる。家の中の道具にはそれぞれ読谷村独特の名称があり一覧になっているので分かりやすい。民俗分野を抜けると沖縄戦の展示となっており、読谷村の海岸に米軍が上陸する際「鉄の暴風」と呼ばれるほどの激しい艦砲射撃があり、その際に逃げ込んだガマ（洞窟）で集団自決があったことなどを、ガマ内部を再現した小部屋で紹介している。展示室3は絵画や焼物が展示された美術館となっている。

提供：ユンタンザミュージアム

本島中部のその他名所

兼久海浜公園　地図 P5A3

　町内の子供たちが水に触れ、親しみ、体力の向上と健康づくりに寄与する目的で整備されたウォーターガーデンや多目的広場、夜間照明完備のソフトボール場や総合運動場、テニスコート、体育館などの体育施設が利用できる、嘉手納町内では最大級の公園。

©OCVB

沖縄総合運動公園　地図 P5B4

　昭和62年（1987）に開催された海邦国体の主会場として整備が進められ、緑と海と太陽をテーマにスポーツゾーン・森と水のゾーン・海浜ゾーンにエリアが分かれた広域公園。スタジアムを初めとする6つのスポーツ施設があるほか、サイクルセンターや望水亭、オートキャンプ場、プールがあり、スポーツのみならず、レジャーなど複合的機能を有する沖縄県内最大級の総合運動公園として多くの県民に親しまれている。

©OCVB

金武町・新開地

地図 P5C2

　沖縄のソウルフード「タコライス」を発祥の地。かつて米軍基地キャンプハンセン「ゲート1」前の門前町として栄えたこの街は、色褪せ

たペンキや、剥がれかかった壁に昔ながらのスナックやアルファベットのネオンが輝き、アメリカンでもありながら昭和も感じる独特の世界が広がり、絶好のフォトロケーションとして雑誌や映像などでよく使われている。

©OCVB

本島北部

最大の特徴は雄大な海岸線と、「やんばる」とよばれる亜熱帯の深い森が広がり、ヤンバルクイナ、ヤンバルテナガコガネなど、この地域でしか見られない希少な生物が生息する自然の宝庫であること。名護以北は小さな集落が点在し、本島において沖縄らしさを色濃く残す地域といえる。観光施設としては、海洋博記念公園の存在が大きく、美ら海水族館が目玉となっており、近年では海や離島、森を眺めてのんびり開放的にくつろげるカフェ「海・森カフェ」ができ、ゆったりとした時間を過ごせる場所として人気がある。

外観

常設展示室

古民家

名護博物館　地図P6B3　P70 参照

　令和5年（2023）5月にグランドオープンした「名護・やんばるのくらしと自然」を基本テーマにした本島北部で最大級の博物館。1階エントランスでは名護・やんばるがどんな場所なのか、その概要を紹介するガイダンス展示で、大地の成り立ちや歴史年表などを展示。2階常設展示室では、「海」・「山」・「まち・ムラ」に分かれて3カテゴリーで展示を行う。

　「海」の展示では全長10mを超えるマッコウクジラと、ザトウクジラの全身骨格標本や、ザトウクジラのひげを間近で見ることができ、名護市の捕鯨文化を伝える資料や伝統的に行われてきた「ピトゥ（イルカ）漁」などを紹介している。「山」の展示では森と川を再現したジオラマや、イノシシ猟、林業など山のくらしに関する道具などを紹介する。「まち・ムラ」では昔使われていた農具や家畜として飼われていた豚やニワトリなどの剥製などが展示されており、民家やその周辺の田畑のくらしを紹介している。ほかにも、「貝塚時代の暮らし」「河口域で見られるマングローブ干潟」「名護・やんばるの沖縄戦」などのコーナーも設けられており、展示品の民具や生き物の剥製など約2000点に及ぶ。展示品はケースに入れずに展示することで間近に見学することができる。

　このほか、野外では身近な自然を観察できるほか、昔の生活空間を再現した赤瓦屋根の古民家などがあり、昔ながらのやんばるの暮らしが自然とどのように繋がっていったのか分かる場所となっている。

熱帯ドリームセンター 地図 P6A3 P70 参照

©OCVB

「太陽と花と海」をテーマとする海洋博公園内にある「廃墟」をデザインモチーフとした建築と植物が一体となった熱帯植物園。古代遺跡のような建物が立ち、別世界を楽しめる植物園として人気がある。

園内には5つの温室があり、花びらの美しさから「蝶が舞っているように見える花」と名付けられたという胡蝶蘭が咲く**ファレノプシス温室**や、東南アジアの原産で「アジアの神秘」と呼ばれる多彩な色彩をもつ**バンダ温室**、花の豪華さや香りの良さから「花の女王」と呼ばれる中南米の原産で岩や樹に着生する**カトレア温室**、世界最大の果実パラミツや太平洋諸島の主食であり、この木が2〜3本あれば1人1年分の食に困らないといわれるパンノキなど珍しい樹が立つ**果樹温室**、世界最大のスイレン科の植物パラグアイオニバスなど熱帯の水生植物が水面に浮かぶ**ビクトリア温室**など、一年を通じて常時2000株以上の世界中の美しいランの花を楽しむことができる。

他にも防風と通風を両立させる壁として計算し建てられた円弧状の「防風壁」が時を経て植物で覆い尽くされている様子や、園内を一望できる高さ36mの迫力のある「遠見台」、熱帯スイレンの花が楽しめる「ロータスポンド」など見所も多い。ランをはじめとする熱帯の珍しい花や果実について、楽しく学べるフラワーガイドツアー（1日2回）や熱帯植物学習・観察ツアー（土曜1回）も行われているので、ぜひ受けておきたい。

ネオパークオキナワ
地図 P6B3 P70 参照

沖縄の亜熱帯の気候と、やんばるの大自然を活かした自然動物公園ネオパークオキナワは東京ドーム5個分の広大な敷地に約100種類の動物を飼育展示している施設。

園内は大きく分けてアフリカ、アマゾン、オセアニアの3つのゾーンに分かれており、最初の「トートの湖」ではアフリカクロトキや、モモイロペリカンやヨーロッパフラミンゴを見ることができ、続く「アマゾンのジャングル」では熱帯雨林を再現したジャングルでベニヘラサギやショウジョウトキなど色鮮やかな鳥たちが観察できる。ほかにもコロソマやピラルクなどの巨大魚、ゾウガメ、カピバラ、ダチョウ、クジャク、ヒクイドリ、エミュなどのそれぞれの地域に住む動物を間近で観察できるのが魅力の一つ。ハムスター、ウサギ、小型犬などにエサをあげながら触れ合う「ふれあいひろば」などもある。「**種保存研究センター**」では絶滅が危惧される希少種の保護をしていくのはもちろん、この施設で繁殖も目的としており、リスザルやナマケモノなどが観察できる。また、かつてはここでヤンバルクイナを飼育繁殖させていた実績もある。

昭和20年（1945）まで沖縄を走っていた沖縄県営鉄道を再現した園内を一周する「**沖縄軽便鉄道**」では、動物や植物を眺めながら、約20分の鉄道の旅が楽しめ人気がある。

沖縄フルーツランド
地図 P6A3 P68 参照

　沖縄ではたくさんのフルーツが生産されているが、生産者は一年中美味しいフルーツ提供するために土作りや日光、水、肥料など研究を続けても安定した供給は大変困難とされている。そんな生産者たちはフルーツが美味しく生まれてくる為には、水や太陽など単体の力ではなく、全ての「調和」があって初めてできる事を強く実感し、それを我々消費者に伝えるためにオープンした施設が「**施設体験型・オリジナル絵本 トロピカル王国物語**」である。

　おいしいフルーツがたくさん実る「トロピカル王国」。平和な王国で、ある日、王様が妖精の国へさらわれたというストーリーから物語がはじまる。王様を救うために必要な「19個のフルーツの魔法」と「4つの鍵のしるし」を集めながら、絵本のストーリーに沿って施設を巡る。ほかにもカラフルな鳥たちとのふれあい広場、南国ムードいっぱいの熱帯果樹園、フルーツカフェなどがあり、南国の雰囲気を楽しめる場所として人気がある。

国営沖縄記念公園（海洋博公園）内

沖縄美ら海水族館　地図 P6A3　P68 参照

　昭和50年（1975）に開催された沖縄国際海洋博覧会を機に平成14年（2002）に開館。「美ら」とは沖縄の言葉で「美しい」「綺麗」という意味をもち、「沖縄の海との出会い」をテーマに約740種10,000匹の生物を飼育する。

　館内エントランスから入口を入ると、まず美しいサンゴの空間が広がる「**サンゴ礁への旅**」から始まる。ヒトデやナマコなど淡水域に生息する生き物や色鮮やかな熱帯魚が集っており、そこに光が差し込む様子は神秘的。ほかにも人気のチンアナゴとニシキアナゴ、ニシキエビも展示されている。水族館のハイライトは次の「**黒潮への旅**」となる。大水槽（黒潮の海）は深さ10m・幅35m・奥行き27mあり、全長が約8.8m、体重約6.0tに達する巨大な**ジンベエザメ**や、複数のナンヨウマンタたちを多方向から観覧できる。ほかにもサメのアゴの標本などを展示した「サメ博士の部屋」や、ジンベエザメやマンタについて貴重な資料や研究成果を紹介する「ジンベエ・マンタコーナー」、大水槽を水面から決まった時間帯に観覧できる人気のコース「黒潮探検（水上観覧コース）」などがある。「**深海への旅**」では水深200m以深に生息する深海生物を展示した静かな空間。全長6.37mのダイオウイカの標本など低い水温、薄暗い光環境、高い水圧の特殊な環境である深海に棲む珍しい生き物たちが多数展示されており、この水族館だけでしか見られない生物もいる。ほかにもチカチカとホタルのように光る魚や、紫外線を反射して美しく光るサンゴなどを展示した「海のプラネタリウム」もある。

　他にも館外にはイルカショーが楽しめる「オキちゃん劇場」や水面を泳ぐウミガメの姿を観察できる「ウミガメ館」、人魚伝説のモデルとなったアメリカマナティーを飼育展示している「マナティー館」などもある。

　日本屈指の規模を誇る水族館ながらペンギンやシロクマ、世界の魚などの展示はない。色鮮やかな南洋の魚や、本土ではあまり見られないサンゴの展示など沖縄の海を存分に楽しめ、学べる場所といえる。学校団体向けに教育普及プログラムも行っているのでぜひ利用したい。（要予約）

©OCVB

国営沖縄記念公園（海洋博公園）内

海洋文化館 プラネタリウム 地図P6A3 P68 参照

©OCVB

　昭和50年（1975）に開催された「沖縄国際海洋博覧会」の継承施設で、沖縄を含む太平洋地域の海と人間の関わりを示す船や漁具・生活用具などを展示している。

　エントランスホールを入るとまず目につくのが巨大なカヌー。タヒチのダブルカヌーで全長は約17.6mもあり、その美しいフォルムが特徴的となっている。この型式の船はかつて英国のクック船長がタヒチに来訪したとき、王が神官や戦士を同伴して出迎えるのに使われたもので、海洋文化館を訪れる人を迎える意味でもここに展示しているという。次の**航海ゾーン**ではミクロネシアの伝統的航海術と造船技術と共に、新天地を求めて大航海した人類の移住の経緯についてパネルや映像で紹介している。さらに特色あるカヌーの大型模型や航海術を学ぶための道具（星座コンパスとスティックチャート）や、航海時の所持品なども展示している。**オセアニアゾーン**では長さ30m、幅15mの青い巨大な太平洋の床地図があり、床面の海をウミガメやクジラが泳ぐ面白い仕掛けがある。大型スクリーンではかつてポリネシアの祖先が海を渡った物語をダイナミックな映像で紹介している。また、オセアニアの人々の暮らしの様子を住、食、漁撈（ぎょろう）、装（よそお）い、音楽、踊り、信仰などのテーマに分けて紹介するコーナーがあり、容器や装身具、地域通貨など多彩な異文化の道具を展示している。**沖縄ゾーン**では沖縄の漁撈生活を紹介する展示となっており、沖縄や周辺の島々で古くから使われていた船（サバニ）や伝統漁具が実際に使われている様子を映像で紹介している。

　このほかにも館内には沖縄の季節の星座や星にまつわる民話を紹介するプラネタリウムホールがあり、約30分間のプログラムを1日10数回上映している。館内ガイドツアーも行われているので訪れた際はぜひ受けておきたい。

芭蕉布会館（ばしょうふかいかん）
地図P6B2 P70 参照

　芭蕉布とは亜熱帯を中心に分布する植物・芭蕉からとれる天然繊維を原料とした伝統的織物で、さらりとした肌触りと張りがあり、沖縄の高温多湿の気候でも過ごしやすく、現在では着物だけでなく帯や座布団、テーブルセンター、クッションなど様々なものが作られている。歴史も古くは13世紀頃には既に沖縄で織られていたようで、16世紀には中国への貢物（こうもつ）や貿易品として使われていたという。

　芭蕉布会館の1階の展示室では、常時芭蕉布製品の展示、実際に使っている織り機やより掛け機、釜、染色場を見学できる。また、芭蕉布製品の販売やその製造工程のビデオの上映が行われている。2階の作業場では、芭蕉布伝統工芸従事者の研修等が行われている。ストラップやコースターなど芭蕉布づくり体験プログラムも受けることができる。

©OCVB

今帰仁村歴史文化センター
地図 P6A3 P70 参照

　今帰仁城跡に隣接する郷土資料館で、展示室は4つのテーマで構成されており、今帰仁城跡からの発掘品や今帰仁按司とかかわる墓などの紹介など、今帰仁城をめぐる歴史にふれることができる「今帰仁の歴史」、ムラ・シマ（村落）の集落の生活空間を紹介する「今帰仁のムラ・シマ」、集落ごとの日用品や祭礼品などの道具を紹介した「今帰仁の生活と文化」、これまでに今帰仁村内で発掘された遺跡を紹介する「今帰仁の遺跡」がある。

　小さい資料館ではあるが、村の生活がコンパクトにまとめられており、今帰仁城跡を訪れた際はぜひ見学したい。

今帰仁城跡 世界遺産
地図 P6A3　P70 参照

　別名北山城と呼ばれ、琉球が中山に統一される前の14世紀に北山王が居城としたもの。その面積は首里城とほぼ同規模で、城は6つの郭から成り、総長1500mにも及ぶ城壁は、地形を巧みに利用しながら野面積みで屏風状に築かれている。

　見どころも多く、入口である昭和37年（1962）に修復された石造りの平郎門は左右に狭間があり、門の天井は大きな一枚岩を乗せた頑丈な作りとなっている。平郎門を通り、大庭に向かう左側に最も高い石垣が築かれた堅牢な城郭に囲まれた大隅（うーしみ）と呼ばれる兵馬を訓練した場所があり絶景ポイントとなっている。反対の左側にはカーザフと呼ばれるくぼ地がある。カーザフとは川迫、川の谷間のことをいい、自然の石が露頭している様子は地形を生かした城壁であったことがうかがわせる。大庭（うーみやー）に続く旧道は大きな岩盤に挟まれて道は狭く、急な登り道のため一度にたくさんの人が通れないように造られている。これは防衛機能のためとされている。城の北側で一番見晴らしがいいのが御内原（うーちーばる）。

海を眼下にとらえることができるこの場所はかつて城に仕えた女官の生活の場所と伝えられ、男子禁制の神聖な場所だったという。

　眺望が美しい場所であるが、城内で最も中心的な建物があった場所であった主郭には火神の祠（ひぬかんのほこら）と呼ばれる火の神が祀られているなど、拝所もあり住民の参拝者も多い。毎年1月下旬ごろから2月上旬に満開をむかえる桜の名所としても有名。

やんばる野生生物保護センターウフギー自然館

地図P6C2 P71 参照

やんばる野生生物保護センター「ウフギー自然館」はノグチゲラ、ヤンバルクイナなどの野生生物保護への理解や関心を深めてもらうための普及啓発や保護のための事業、調査研究などを総合的に行うための拠点施設。

館内には「やんばるってどんなところ?」「やんばるの自然が貴重なのはなぜ?」など素朴な疑問から紹介する導入展示**エントランスゾーン**から始まり、海から川、やんばるの森へたどりながらそこに棲む個性たっぷりの生きものたちとそのつながりを紹介している**コンテンツゾーン**へと続く。このコンテンツゾーンでは貴重な音や映像展示などを交え、固有種の生態や現状を詳しく取り上げおり、野生生物の交通事故（ロードキル）や外来種問題など、「やんばるが直面している課題」についても紹介している。つぎの**ゆんたくゾーン**ではやんばるの自然と地域の人々の生活が様々に関わっていることを紹介。また書籍や資料を閲覧し、くつろげるコーナーもある。他にもやんばるの自然について紹介した映像や企画展示などを行えるコーナーあり、やんばるの豊かな大自然を楽しく、分かりやすく、そしてより深く理解できる場所となっている。

コンテンツゾーン

ゆんたくゾーン

🌺 やんばるの生き物たち 🌺

★鳥類
ヤンバルクイナ
ノグチゲラ
ホントウアカヒゲ
リュウキュウアカショウビン
アジサシ類

★ほ乳類
オキナワトゲネズミ
ケナガネズミ
オリイオオコウモリ
リュウキュウイノシシ

★両生類・は虫類
オキナワイシカワガエル
ナミエガエル
ハナサキガエル
イボイモリ
リュウキュウヤマガメ
クロイワトカゲモドキ

★昆虫
ヤンバルテナガコガネ
コノハチョウ
リュウキュウハグロトンボ

★植物
イタジイ
イジュ
オキナワセッコク
ヒカゲヘゴ

※写真はウフギー自然館HPより転載

リュウキュウハグロトンボ

リュウキュウアカショウビン

リュウキュウイノシシ

クロイワトカゲモドキ

イタジイ

ヤンバルクイナ P70参照

　沖縄本島北部ヤンバルの森にしか生息していない貴重な鳥。新種として発見されたのが昭和56年（1981）と比較的最近となり、ほとんど飛べないという特異な生態もあって当時大変話題になった。ハブの駆除のために放ったマングースにより生息域や個体数は縮小傾向であったが、マングースの駆除を行ったことにより、現在、約1500羽が生息していると推定されている。

　全身長は約30cm、体重約450g。顔と喉は黒色、眼の後ろには白帯が伸びている。頭上から背中にかけては暗いオリーブ褐色、胸から腹にかけては黒色と白色の横縞模様。くちばしは太く、赤色をしており、脚は太長く、あざやかな赤色をしている。オスとメスの体の模様・色彩はほとんど同じとなる。雑食性であるが、主食は小動物となる。

　自然の中で生きている野生のヤンバルクイナを見つけることは大変困難であるが、国頭村にあるヤンバルクイナ生態展示学習施設「クイナの森」ではヤンバルクイナの生態や環境の状態が分かる資料ブースや、施設内に実際に生息する環境を再現した観察ブースがある。

©OCVB

やんばる国立公園　地図 P6C2 など

　漢字で「山原」と書いて「やんばる」。やんばるは「山々が連なり、鬱蒼とした常緑広葉樹の森が広がる地域」という意味を持ち、沖縄島北部一帯を示す言葉。特に希少種が多く生息・生育するまとまった森が残るのは、沖縄島北部の3村（国頭村、大宜味村、東村）となっている。やんばる地域は北緯27度付近に位置し、世界の同緯度の亜熱帯地域では砂漠や乾燥地帯などが多く、森林がある地域はやんばるを含めごくわずかという。これは琉球列島に流れてくる黒潮と、梅雨前線や台風により暖かく雨の多い温暖かつ湿潤な気候がもたらしたもので、その恵みが石灰岩の海食崖やカルスト地形、マングローブ林、森などに還元されているといえる。

　独自の生態系を築いていることにも注目したい。面積にして日本の国土のわずか0.1％のやんばるの森には**日本の鳥全種のうち半数以上**、および**カエル全種の四分の一**が、少なくとも一年のうちの一時期にこの森で見られるという。さらに地球上でこの場所にしか存在しない希少で絶滅の危機にある鳥や昆虫、爬虫類、両生類が無数に生息しており、生物学的にまとまりのある森林が比較的健全な状態で残っている場所といえる。

　やんばる国立公園では、このような亜熱帯の大自然を舞台に、バーベキュー、トレッキング、カヌー、アニマルウォッチング、天体観測などのレジャーが盛んに行われており、訪れる公園利用者へ良質な自然とのふれあいの場・機会を提供している。

©OCVB

大石林山

（いせきりんざん）

地図 P6C1 P69 参照

大石林山は2億5000万年前まで海底にあった石灰岩が地殻変動によって隆起し、長い時間をかけて雨水などにより侵食されてできたカルスト地形で、先端が尖った（とが）奇岩石が多く、中国の石林を思わせる景観が特徴的。この山は沖縄本島の北端に位置するとともに、パプアニューギニアやインドネシア等の亜熱帯地域で見られる熱帯カルスト地形のなかで世界最北端にもなっている。

東京ドームの約11個分に及ぶ敷地内に入ると、まず**「沖縄石の文化博物館」**がある。沖縄県内41市町村それぞれの地域の岩石が展示されているとともに、古代の沖縄の人が石で作った民具などの道具の標本を実際に触りながら体験することができ、沖縄の石の文化ついて学ぶことができる。

大石林山には精気小屋スタート地点に4つの散策コースがあり、どのコースも所要時間は約20〜35分と選びやすいのが良い。各コースには**「御願（うがん）ガジュマル」**や、「縁結びの岩」、「悟空岩」、「守り猫」、「生まれ変わりの石」など見どころが多く、頂上の「美ら海展望台」からは海を見渡すパノラマが楽しめる。

事前に申し込めば、大石林山を専門ガイドが案内するネイチャーガイドツアー（有料）を受けることができ、熱帯カルスト地形の成り立ちや生息・生育する動植物の観察などを通し、やんばるの大自然を深く知ることができる

沖縄石の文化博物館

御願ガジュマル

東村立山と水の生活博物館

（ひがしそんりつ）

地図 P6C3 P70 参照

「自然に学び・人に学び・歴史に学ぶ」をテーマに、かつての東村民の生活をわかりやすく紹介し、博物館横の福地川に棲む魚、周辺に出没する生きものなどの生きた展示する。

館内にはヤンバルクイナやリュウキュウイノシシなど、やんばるの森の源流から河口のマングローブ林までの生態系を模した**ジオラマ**や、ヤンバルテナガコガネやリュウキュウオオコノハズクなど貴重な生物の**剥製標本**（はくせい）、生きた**ハブ**や**リュウキュウメダカ**などを沖縄に生息する展示するほか、珍しいジュゴン骨格標本がある。また、タムンやメーギなどの薪や建築資材も展示されており、かつて林業が盛んであった東村は多くの木材で生計を立てていたことがうかがえる。ほかにも蝿を捕る道具であるヘートゥヤーやサトウキビ絞り機であるサーターグルマ（砂糖車）など生活雑貨や農業用品を展示している。

周辺には水資源とダムをテーマに3つのコーナーで構成された福地ダム資料館や、村天然記念物の最大級の「板根」（ばんこん）をもつサキシマスオウノキがあるのでぜひ訪れておきたい。

© JAMSTEC

学校団体向けの教育プログラムの様子 © JAMSTEC

「しんかい6500」コックピット模型 © JAMSTEC

JAMSTECの研究紹介コーナー © JAMSTEC

館内ガイドツアーの様子 © JAMSTEC

GODAC（国際海洋環境情報センター） 地図P6B4 P69参照

　世界的な海洋・地球の研究機関である国立研究開発法人海洋研究開発機構（JAMSTEC）の沖縄拠点。JAMSTECの最新の研究紹介を通し、海洋科学や地球環境について理解を深める事ができる見学施設となっている。

　館内では深海の調査で活躍する有人潜水調査船「しんかい6500」の1/10模型とともに、各種パーツが展示されており、構造や仕組を詳しく学べるコーナーや、実物の1.5倍の大きさで再現されたコックピットも展示されており、船内の様子までよく理解することができる。ほかにも、従来生きものは少ないと考えられてきた深海で発見された特殊な生態系「化学合成生態系」を再現した模型や、普段見ることができない深海生物の体のつくりを細部まで観察できる標本を展示するコーナー、パネルや映像を通して海洋ごみに関するさまざまなことを学べるコーナーなど、JAMSTECの研究や海と地球のふしぎを紹介する展示品が並んでいる。施設内はサイエンスコミュニケーターが展示品を解説しながら実験等を交え案内するガイドツアーとなっており、海や地球に関する質問に答えてくれるのでより理解が深められる見学施設となっている。

　学校団体向けの教育プログラムも用意されており、海洋ごみ問題と自分たちの生活の関わりついて学ぶ「海洋ごみ問題」、サンゴの生態や沖縄の人々の生活との関わりについて学ぶ「沖縄の海」、生物多様性と人々の暮らしのつながりについて学ぶ「海の生物多様性」、海洋観測の仕事について、スタッフの実体験を交えながら紹介する「海洋科学に関わるお仕事」、深海の特徴について水圧実験を交えながら紹介する「深海」など、実験・標本・実際の体験談を交えて説明してくれるのでぜひ利用したい。（事前予約制）

本島北部のその他名所

©OCVB

福地ダム <small>ふくじ</small> 地図 P6C3 P71 参照

　沖縄本島北部にあり、本島内で使われている水の多くはここから送られ、沖縄本島の"水がめ"となっている。ダムの周囲には展望台や遊歩道があるので、やんばるの豊かな自然を肌で感じながら、のんびり散歩が楽しめる。水資源とダムをテーマに3つのコーナーで構成された福地ダム資料館もある。

辺戸岬 <small>へど</small> 地図 P6C1

　沖縄本島の最北端に位置する岬。天気が良ければ、荒涼とした断崖から水平線上に鹿児島県与論島が望める。1972年に沖縄が本土に復帰した祖国復帰の碑や沖縄・与論島友好の碑などもある。

©OCVB

©OCVB

大宜味シークヮーサーパーク <small>おおぎみ みそん</small> 地図 P6B3 P68 参照

　大宜味村でさかんに栽培されている果実の搾汁工程を見られる工場見学や、月ごとに収穫したシークヮーサーの飲み比べができるコーナーなど、シークヮーサーの魅力を体感できる。

喜如嘉の七滝 <small>きじょか</small> 地図 P6B2

　流れ落ちるまでに水の軌道が七回変わることから七滝と呼ばれている。入口に鳥居が立ち、拝所が設けられていることから地元の人にとって神聖な場所であり、訪れる際はマナーに気を付けること。

©OCVB

ヤンバルクイナ展望台 地図 P6C1

　小高い山の上に立つ高さ11.5mと村の鳥をモチーフにした展望台。亜熱帯の森林と大海原を見渡すことができる。ヤンバルクイナの体内展望台は、老朽化のため立ち入り禁止中。

©OCVB

沖縄の植物

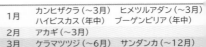

1月	カンヒザクラ（～3月）　ヒメツルアダン（～3月） ハイビスカス（年中）　ブーゲンビリア（年中）	
2月	アカギ（～3月）	
3月	ケラマツツジ（～6月）　サンダンカ（～12月）	
4月	デイゴ（～5月）　テッポウユリ（～5月） アリアケカズラ（～10月）	
5月	ヒメツバキ（イジュ）　ゲットウ（～7月） オオゴチョウ（～11月）	
6月	ホウオウボク（～10月）　サルスベリ（～9月） オオハマボウ（～8月）　サガリバナ（～7月）	
7月		
8月		
9月	ヒガンバナ　トックリキワタ（～12月）	
10月	フヨウ（～12月）	
11月		
12月	ポインセチア（～3月）　ツバキ（～12月）	

　急峻（きゅうしゅん）な地形や亜熱帯と暖温帯の両方の要素がある沖縄では植物の種類も豊富で、シダ植物および種子植物の自生種は約1,600種、そのうち固有種は100種以上、変種を含めれば120種以上が確認されている。本島北部のやんばるではイタジイなどのシイ林を中心とした常緑広葉樹林。低地や海岸の植生はマングローブのような南方系の植物が多い。

カンヒザクラ　沖縄では桜と言えばこれ。濃いピンク色が特徴的

アダン　海岸付近に生育するパイナップルに似た植物。食用には向かない

オオゴチョウ　名前は蝶が群れで舞うように見えることから付いたと言われいる

ブーゲンビリア　花のように見えるのは実は花の周辺にある葉

ケラマツツジ　沖縄の慶良間諸島で発見されたことに由来する

アカギ　日本では沖縄でしか生育していない樹種

テッポウユリ　咲いた花弁がラッパ銃のような形をしていることからその名前が付いた

ハイビスカス　南国の花の代表格。露地での栽培が容易なことから至るところで見られる

デイゴ　沖縄の県花。その年によって花の数が異なることから、「多く咲く年は台風の当たり年」という（諸説あり）

写真：©OCVB

ゲットウ
独特の香りがあり、抗菌や消臭、防虫剤として利用されるなど、人々に親しまれる万能植物

ホウオウボク オレンジ色の綺麗な花が咲き、さやえんどうより大きい実をつけるのが特長

サルスベリ 木登りが得意なサルでも滑り落ちそうなくらい、幹がツルツルしていることから名付けらた

オオハマボウ
花の咲き始めは鮮やかなレモン色をしているが、散る前は赤っぽいオレンジ色に変化する

サガリバナ
夜に花を咲かせて翌朝には散ってしまう一夜花

トックリキワタ 開花期の頃は、ピンク色に染まり風景を変えてしまうほど存在感のある

サンダンカ
デイゴ、オオゴチョウと並び、沖縄の三大名花とされている

ポインセチア
クリスマスシーズンによく見られるが、実は熱帯植物

マングローブ 海水と淡水が入り交じる沿岸に生育する植物群の総称

ソテツ 記念樹として公園や官公庁や学校などにも植えられる場合がある

ガジュマル 精霊キジムナーが宿るとされている

モンパノキ 海岸の砂浜や岩の上に生え、高さ2〜10mくらいになる

写真：©OCVB

沖縄の動物

　沖縄の緑豊かな島々は多くの固有種や希少種が生息・生育する生物多様性に富んだ豊かな自然環境を有しており、特に本島北部（やんばる地域）及び西表島は、ヤンバルクイナやイリオモテヤマネコなど希少な動植物が生息・生育している。やんばるの森は日本全体の 0.1％にも満たないわずかな面積だが、日本で確認されている鳥類の約半分、カエルの約 4 分の 1 が確認されおり、このような自然環境を次世代に継承し、世界に類を見ない生物多様性を保全するために沖縄では重点的な取組が行われている。

イリオモテヤマネコ（国天然記念物）
西表島のみに生息

セマルハコガメ（国天然記念物）

カンムリワシ（国天然記念物）
虹彩は黄色く、石垣島と西表島に
生息

ケラマジカ（国天然記念物）
座間味村の屋嘉比島と慶良間島などの生息地とともに天然記念物となっている

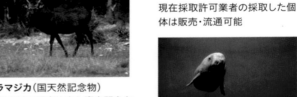

オカヤドカリ（国天然記念物）
現在採取許可業者の採取した個体は販売・流通可能

ジュゴン（国天然記念物）
人魚のモデルともいわれる世界的に有名な海生動物

ダイトウオオコウモリ（国天然記念物）　フクギやガジュマルなどの実や、いろいろな木の若葉を好んで食べる

オオゴマダラ
広く県民に親しまれているという理由で県の蝶に選ばれている

リュウキュウアオヘビ
腹面は黄色で性質はおとなしい

56　写真：©OCVB

オキナワイボイモリ（県天然記念物）　大昔の生物の性質を残していることから「生きた化石」と呼ばれる

オキナワイシカワガエル（県天然記念物）「ヒュウッ、ヒョウッ！」と甲高い特徴的な声で鳴く

オキナワトゲネズミ（国天然記念物）ピョンピョンと飛び跳ねながら移動するのが特徴

オリイオオコウモリ沖縄諸島全域に生息し、市街地から森林まで普通に生息している

クロイワトカゲモドキ（県天然記念物）ヤモリとトカゲの中間的な形質がある原始的な種

ケナガネズミ（国天然記念物）日本最大の野ネズミ

コノハチョウ（県天然記念物）　羽を閉じると裏面の模様が枯葉に非常によく似ている

リュウキュウハグロトンボオスの体色は青から緑、メスは褐色から黒褐色

ヤンバルテナガコガネ（国天然記念物）やんばるの固有種。オスの前足の長さは約9cmにもなる

ノグチゲラ（国天然記念物）やんばるの森だけに棲む、他のキツツキ類には見られない、地上に降りて採餌するキツツキ。

ベニアジサシ浅い海域で小魚を空中からダイビングして捕らえる

ホントウアカヒゲ（国天然記念物）春先の繁殖シーズンになると、森の中に「ヒーヒョイヒョイ」という一際、美しいさえずりが響く

ヤンバルクイナ（国天然記念物）やんばるの森だけに棲む、日本で唯一の飛べない鳥

リュウキュウアカショウビン「キョロロロ〜」と愛きょうのある鳴き声が特徴

リュウキュウイノシシニホンイノシシよりも小型

リュウキュウヤマガメ（国天然記念物）川や海ではなく陸上の森に棲むカメ

写真はウフギー自然館HPより転載

沖縄の料理

かつて日本一の長寿の県とされていた沖縄。近年食生活の欧米化などを背景としてその地位は陥落（かんらく）したが、琉球料理という沖縄独自の料理文化は長寿を支えている重要な生活文化となっており、琉球王国時代に各国からの客人をもてなすためにつくられた「宮廷料理」と、一般の人々が食べてきた「庶民料理」の二つがある。中国からの国賓などをもてなしするために誕生した「宮廷料理」は、調理技術や作法など手の込んだ料理が多く、さらに、トゥンダーブン（東道盆）と呼ばれる琉球漆器に盛られるなど見た目も華やかさがある。一方、決して裕福とはいえない生活の中から生まれた「庶民料理」は、亜熱帯の厳しい自然環境のもとで、手に入る材料を無駄なく食材として使う生活の智恵を生かしたもので、栄養的にもバランスよく整えられているという。

沖縄そば　そば粉を使わず小麦粉だけを使って作った麺と、豚骨やかつお節からとった濃厚な出汁で仕上げたこってりとした味

島ラッキョウ　沖縄のラッキョウは本土に比べ小ぶりで独特の香りと辛みがある

中味汁　豚の大腸や小腸、胃といった中身を具にし、すまし汁仕立てでシンプルに仕上げたもの

ラフテー　豚肉料理で特に有名な角煮。泡盛を入れて煮込むのが特徴で、豚の皮のとろけるような舌ざわりは絶妙

ヤギ汁　ヤギ肉と野菜を煮込んで作ったもの。独特の香りがあり、好みがわかれる

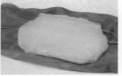

ムーチー　月桃の葉で包んで蒸した餅のこと。旧暦の12月8日には厄払いの為に神仏に供え、家族の健康を祈願する年中行事

ミミガー　豚の耳、刺身（あ）は和え物のこと。豚肉文化が古く根付く沖縄では、肉はもちろん内臓や顔、足、血まで料理する

フーチャンプルー　車麩（くるまふ）を使った炒め物

©OCVB

フーチバー
ヨモギのことだが、沖縄では薬味として使われており、独特な香りで人気がある

ナーベーラー へちまのことで県外ではタワシやあかすりのイメージがあるが、沖縄では若くやわらかいヘチマを料理する

ターンム
田芋は沖縄の特産品で、水のきれいな水田で栽培される里芋の一種

ソーキ 豚のあばら骨や肉のことを指し、ソーキそばをはじめ、ソーキ汁、ソーキ煮付け等、沖縄の一般家庭でよく使われる

ジーマミー豆腐
ジーマーミは落花生。落花生の絞り汁と芋くずで練り上げて作られる一品

ゴーヤーチャンプルー
「チャンプルー」とは沖縄の方言で「ごちゃまぜ」、もやしを使うときは「マーミナーチャンプルー」

グルクン
沖縄では県魚。温かい海に生息し、一年中獲れる白身魚

イラブー汁
古くは宮廷料理として出されていた「えらぶ海へび」を使ったもの

イラブチャー
沖縄では高級魚として知られている

イカ墨汁 いかの墨で仕立てた珍しい真黒の汁物。口一杯お歯ぐろのように黒くしながら食べる風景は実にユーモラス

アーサ
一般的に「あおさ」と呼ばれる緑色の海藻

アンダンスー 沖縄で昔からよく食べられている油味噌。もともとは豚肉を保存する手段として、味噌にゆでた豚肉を炒めて漬け込んで保存したという

ゆしどうふ
固まる前にすくいあげた「おぼろ豆腐」に似たもので、柔らかくクリーミーな食感

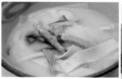

いなむるち
かつてはイノシシの肉を使っていた汁物だったが、豚肉を使って作られるようになった

足てびち 豚足を柔らかくなるまで煮込んだもの。肉よりも軟骨の方が多い部位で、この軟骨を煮込むとゼラチン質に変化して柔らかい食感になる

海ぶどう
沖縄など透明度の高い海に生息するイワズタ科の海藻

沖縄の伝統工芸

©OCVB

●焼物

　沖縄では陶器のことを「やちむん」という。12世紀頃から海外の陶磁器が輸入され、14〜16世紀頃には琉球王国が海外貿易を盛んに行っていた。沖縄で陶業が盛んになったのは慶長14年（1609）に薩摩が琉球を侵略し、海外との交易が下火になると、その事を危惧した琉球王国の尚貞王は産業振興の目的で薩摩から朝鮮の陶工（一六、一官、三官）を招き、湧田（現在の那覇泉崎・県庁がある付近）で陶器を作らせた。南方や中国からの陶法と朝鮮式の陶法がミックスされ、後に現在の沖縄の陶法「壺屋焼」が誕生したのである。一時下火になった壺屋焼だが、大正時代に起こった民藝運動によって知名度が日本全土に広がり、注目されるようになった。その温かみとずっしりとした重量感がある壺屋焼は沖縄の豊かな自然風土を写し取った焼物と称されている。そのほか沖縄では壺屋焼以外にも古我地焼、読谷山焼（ゆんたんざやまゆ）、知花焼、涌田焼など土地由来の名のついた焼き物がある。

珍しい焼物
●シーサー

©OCVB

　沖縄に古くから伝わる伝説の獣神で、獅子のことをシーサーと呼称し、町や村の入口や家屋の屋根の上に飾る。風水の思想に基づき午（南）の方角へシーサーを向けると火災の防止に、丑寅（北東）の方角へ向けると台風から家を守る水難防止になると伝えられている。その置き方は開口が勇ましいことから「雄」、閉口が「雌」とされている。

　古代オリエントの獅子（ライオン）像が中国を経由し、沖縄へと伝わったと推測されており、シルクロードで次々に姿や形を変えながら実際のライオンを知らない地域に伝わったことで、どんどん霊獣化して魔よけや守り神となったと考えられている。ちなみに沖縄は中国から伝わったのに対し、本土は朝鮮半島から伝わったため神社は「狛犬」となったといわれている。

©OCVB

●琉球漆器

　沖縄では漆器のことを「琉球漆器」といい、起源は14世紀末ごろに中国から入ってきたと言われている。15～16世紀になると琉球漆器は盛んに製作され、16世紀にすでに高度に発達した琉球独自の漆芸品をつくっていたとされる。沖縄の温暖な気候と湿度が漆を乾燥させるのに適した環境であったことや、デイゴ、シタマキ（エゴノキ）など良質な素材が豊富であったことで高品質な漆器を生み出せたのである。漆器は政治と信仰の結びつきが強い琉球地域では、祭祀や儀式で漆の装飾品や首飾り玉などを使用され、人と神を結ぶ儀礼の場所で使用されたが、外国との交流が深まると中国、タイ、マレーシアへの献上品としても使われた。薩摩藩により徳川家康に献上されたという記録も残っているという。

　琉球漆器は主に5つの技法があり、彫った線に金箔や銀箔をあて模様を描く「沈金」、漆で模様を描いた上に金箔を置き、乾いたあとにぬぐって模様の部分だけに箔を残す「箔絵」、うすく削った貝を模様の形に切って器に貼る「螺鈿」、油などに顔料を混ぜて文様を描く「密陀絵」、顔料と漆を練り合わせたものを模様に切りぬいて器に張りつける琉球漆器独自の技法「堆錦」。時代とともにこれら技法を取り入れた作品は移り変わっているが、王朝文化の華として発展した、この伝統工芸技術は平成3年（1991）に県の県指定無形文化財・工芸技術となっている。

漆とは

©OCVB

　漆はウルシ科ウルシ属の落葉高木からとれる樹液。素材の腐朽を防ぎ、酸やアルカリにも強いため、木製品などを長持ちさせる優れた性質をもつ。日本ではほとんど採取はされておらず、原産国の中国から輸入している。樹液の成分にはウルシオールという物質があり、触れるとそれが刺激物となって皮膚に炎症を引き起こすことがある。樹齢10～20年に達した木を削り、樹液を採取、異物をろ過して精製する。漆は作品に塗ったあと乾くのではなく、ある温度と湿度によって活性化し、空気中の酸素と反応することで液体から固体に変化する。高温・乾燥状態ではない沖縄の亜熱帯気候がうってつけである。

©OCVB

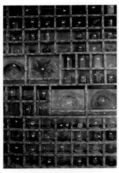

琉球ガラス

　沖縄の地で手作りされたガラス工芸品の事で歴史は浅い。沖縄でガラス製品づくりが始まる前は、ほとんどのガラス製品を本土から輸入していた。しかし、輸送途中にガラスが破損してしまうことが多かったと言われている。沖縄でガラス製品作りは明治時代から始まったもので当時はランプや薬瓶などを中心に、生活用品が作られていた。脚光を浴びたのは戦後になってからのことである。沖縄戦によって明治から続いていたガラス工場も、すべて焼失し、終戦後も圧倒的な物資不足に悩まされた。駐在兵や米軍関係者を中心にガラス製品の需要が高まったものの、物資不足の中でガラス製品の原料不足が続いた。そこでガラス職人たちが目をつけたのが米軍施設で大量に破棄されたビールやジュースの廃瓶であった。廃瓶を砕いて溶かし再生ガラスを原材料としたのが「琉球ガラス」のはじまりである。その独特の色合いや気泡、形状によって駐留米軍が日常生活に、そして帰国時のお土産として購入して大人気となった。

　琉球ガラスの大きな特徴は、ガラスの中に閉じ込められた気泡。本来、気泡があるガラス製品は不良品として扱われることがほとんどだが、この気泡は再生ガラスを作る過程で交じってしまうもの。

沖縄の海をイメージさせることもあり、今や琉球ガラスにはなくてはならない要素になっている。琉球ガラスのもう一つの特徴はその色である。原料となる廃棄されたガラス瓶の色がもととなっているため、茶色はビール瓶、淡水色は一升瓶、緑色はジュースの瓶などである。そのほか、紫色や青色の着色料を調合して、亜熱帯の沖縄を様々な色で表現している。また近年では、食器類などの日用品だけでなく、装飾品などのアート作品などに、その用途は広がりを見せている。

染織物
<ruby>染織物<rt>そめおりもの</rt></ruby>

　沖縄の染色・織物の種類は多い。経済産業省指定の沖縄の伝統的工芸品は16品目あり、そのなかで染織物は13品目を占めている。沖縄本島においては北部、中部、そして南部にそれぞれ異なった種類の染織物があり、さらに離島の島々にはそれぞれ固有の織物がある。このような多様な織物文化が発達したことについて、沖縄は亜熱帯気候で多様な植物が自生し、織物や塗料の材料が豊富であったことがうかがえる。また、琉球王国はアジア各地と交易を行う海洋国家であり、高度な文化や技術が流入、各地域の原材料や独自の技術が発達し、今日の品目数日本一の染織物文化の宝庫となったと考えられる。ここでは一部紹介する。

読谷山花織（ユンタンザハナウイ）

　沖縄県中頭郡読谷村で作られている織物。綺麗な幾何学模様と立体感ある図柄が特徴。ジンバナ（銭花）、カジマヤー（風車）、オージバナ（扇花）の三つの花柄をアレンジした30種余の幾何学模様と絣や縞を組み合せて模様を作る。琉球王朝時代には王族以外と読谷村以外の庶民は着ることが許されなかった。

宮古上布

　沖縄県宮古島で作られている織物。苧麻（ちょま）という麻の繊維で作った糸を琉球藍で染める。クモの糸のような細い糸で織られる精緻な絣模様と、光沢のある滑らかな風合いが特徴。琉球王朝時代に嵐で沈没しかけた船を救った宮古島の男の妻が布を織り、琉球王に献上したのが始まりという。

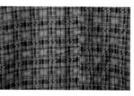

久米島紬

　沖縄県久米島町で作られている織物。伝統の技法を今も守り、図案、染料作り、絣くくり、糸染め、織りの全工程を一人が一貫して行うのが特徴。糸を天然の草木、泥染めによって染色し、しなやかな風合いと独特の深い色調を出している。15世紀の後半に堂の比屋と呼ばれる非凡な人物がいて、中国から養蚕産業を学びこれを広めたことから始まったと言う。

©OCVB

喜如嘉の芭蕉布

　沖縄県北部の大宜味村喜如嘉で作られている織物。芭蕉と呼ばれる大きな植物から繊維を取り出し織られたもので、沖縄では古くから着物の生地として親しまれてきた。素朴な味わいと、さらりとした生地が特徴。琉球王朝時代には王族や貴族が上質の芭蕉布を身に付けるため、王府内に「芭蕉当職」という役職を設け、王府専用の芭蕉園を管理していた。

沖縄の伝統芸能

琉球舞踊公演「かぎやで風」

沖縄の芸能を大別すると民俗、宮廷の2つに分類される。民俗芸能は収穫や健康を神に祈願、感謝する神祭時に、神前で歌や踊りを捧げる儀式がその起源とされる。中国からの冊封使をもてなす際、首里城宮廷内で演じられたのが宮廷芸能である。沖縄は琉球王国として14世紀から16世紀の約300年間、日本をはじめ中国、朝鮮、東南アジアとの交易を通して、これらの国の音楽や文化を吸収してゆき、独自の南方文化をつくり上げてきた。また、琉球芸能は、日本の能・狂言、歌舞伎の影響も強く受けている。これは首里王府内に「踊奉行」という琉球舞踊を監督する役職を設け、日本の伝統芸能なども参考にする王府あげての政策が行われてきたからである。沖縄は常にさまざまな文化を吸収し、独自の芸能文化を作りあげてきた。そして、戦後の長い米軍施政下でも、けっして郷土芸能が衰えることはなかった。現在も、沖縄の祭りの占める重要性や、舞踊コンクールなどの多さから、沖縄が「民俗芸能の宝庫」と呼ばれるのもうなずける。

組踊 「執心鐘入」

組踊 「二童敵討」

組踊 「銘苅子」

組踊

せりふと沖縄の伝統的な音楽と舞踊、舞踊を基礎とした所作で展開される歌舞劇。中国からの使者である冊封使を歓待するために、踊奉行であった玉城朝薫が創作したのがはじまりで、1719年に首里城で初演された。現代劇と比べて登場人物の所作が非常にゆったりとしており、動きが抑制されているのが大きな特徴で、「せりふ」には沖縄の古語や日本の古い言葉も使われており、立方と呼ばれる演者が唱える。また、「音楽」は登場人物の心情や場面の情景などを表現するという重要な役割があり、三線、箏、胡弓、笛、太鼓などを使用する。そして「踊り」には歩みや立つ時の姿勢、手や指の動きといった所作に琉球舞踊の基本的な動きをとりいれている。

琉球舞踊

琉球舞踊は琉球王朝を中心に発展した宮廷舞踊の「古典舞踊」、王朝崩壊後の商業演劇の中で生まれた「雑踊」、戦後に生まれた「創作舞踊」の三つに大別することができる。古典舞踊には老人踊、二才踊(成年男子の踊り)、若衆踊(元服前の少年の踊り)、女踊の4つがあり、それぞれで扮装と技法が異なる。明治時代に入ると民衆相手の芝居で創作されたのが雑踊である。宮廷舞踊と比べると軽快で観る人の心を浮き立たせ、庶民の感情や生活を素直に表現したものが多い。戦後隆盛した伝統芸能活動の中で生み出された新しい踊りを創作舞踊といい、取り上げるテーマはもちろん、用いる音楽や歌詞、衣裳、踊りの振付や舞台の使い方まで独自の工夫が凝らしている。

琉球舞踊公演「四ッ竹」

三線音楽公演

三線音楽
さんしんおんがく

　14世紀末から15世紀に中国から伝わったとされる三線は、琉球王朝の士族たちが中心になって継承し、後には箏や笛、胡弓、太鼓なども伴奏楽器に加えて現在に伝承されている琉球古典音楽の中心的な楽器である。三線を使った琉球古典音楽は、組踊や琉球舞踊などに欠くことができないもので、歴史上、芸術上価値が高く、また地方的特色も顕著で、特に重要なものである。

民俗芸能

　古来より地域の民俗として伝承されたもので、住民の生活の中で歌い踊り継がれてきた芸能。沖縄諸島で演じられている邪悪を祓い、招福するといわれている「獅子舞」や、旧盆行事である「エイサー」は有名。エイサーは青年団による民俗芸能であったが、現在のスタイルはさまざま。伝統的なエイサーで用いる民謡から沖縄ポップミュージックにあわせた斬新な振付へと、創作エイサーは近年とくに進化している。他にも円陣をつくり熱狂的に踊る宮古の「クイチャー」、八重山の「盆アンガマ」、その他主なものに「京太郎」、「ウスデーク」、「打花鼓」などがある。

沖縄芝居

　琉球王国が滅んだ明治時代以降は民衆にむけて芝居小屋で宮廷芸能を上演していたが、従来の宮廷芸能では飽き足らなくなっていた観客や時代のニーズを受けて、新たなスタイルの演劇が誕生した。これが沖縄芝居のはじまりである。沖縄芝居は歌、所作、舞踊、せりふなどで組み

沖縄芝居「伊江島ハンドー小」

沖縄芝居「泊阿嘉」

立てられた歌舞劇「歌劇」と、首里や那覇などで日常的に使われた方言に近い台詞で演じられた「方言せりふ劇」がある。その内容は歌劇が庶民の日常生活を描いたものや恋愛もの、方言せりふ劇は史実を題材にした史劇、故事や伝説をもとにした時代劇となっている。

国立劇場おきなわ　地図P4B2

　ユネスコの世界無形文化遺産「組踊」や、国の重要無形文化財「琉球舞踊」などの沖縄伝統芸能が行われる劇場。定期的に公演が行われており、今もなお息づき、進化し続ける沖縄芸能を肌で感じることができる。

〒901-2122　沖縄県浦添市勢理客4-14-1
TEL：098-871-3311　FAX：098-871-3321
アクセス：那覇空港から車で約20分（時間帯による）

大劇場

写真提供：国立劇場おきなわ

沖縄の年中行事

沖縄で発行されるカレンダーの多くは、新暦とともに旧暦が記載されている。これは沖縄ではお墓や仏壇、ご先祖様に関する年中行事をはじめ、地域に伝わる祭祀のほとんどは旧暦にしたがって行われているからである。日本では明治6年（1873）に太陰太陽暦（旧暦）から太陽暦（新暦）に変更したが、本土と異なる歴史をたどってきた沖縄は、それ以後も変わることなく、ほとんどの年中行事は慣習どおりに旧暦で行われている。
ここでは行事の一部を紹介する

トゥシビー（生年祝い）　旧暦1月2日〜13日

生年祝いの儀で健康祈願を行う。自分の生まれ年の干支が回ってきた年にお祝いをする。年齢は数え年で13歳、25歳、37歳、49歳、61歳、73歳、85歳、97歳

ジュールクニチー　旧暦1月16日

沖縄では「あの世」のことを「後生（グソー）」といい、あの世いるご先祖様の正月として行われている。地域によって違いがあるがお墓へのお参りとお供えを行いご先祖様の供養を行う日である。

©OCVB

屋敷の御願（ヤシチヌウガン）

旧暦の2月、8月、12月の3回、その月の大安の日に行われる。屋敷の四隅、中ジン（家の前面の中央部）、便所、門、屋敷神、火の神などを拝み、家族の健康を祈願する。

浜下り（ハマウリ）　旧暦3月3日

女性の節句に当たりご馳走をもって海浜へ行き、浜辺に下りて潮に手足を浸して邪気、災厄を払い家族の健康と繁栄を祈願する。その後、ご馳走食べて潮干狩りを楽しむ。

重箱料理

清明祭（シーミー）　清明節（新暦4月5日から）

中国から伝わった先祖供養の行事で、親族そろってご馳走を重箱などに入れて持ち寄り、祖先の墓にお供えした後、ご馳走を広げ墓庭で楽しく会食を行う。

ユッカヌヒー　旧暦5月4日

豊漁や海上安全を祈願するため、サバニと呼ばれる伝統漁船で競漕する「ハーリー」が各地で行われる。

七夕　旧暦7月7日

お盆に先祖を迎えるため墓の清掃を行い、お盆が近いことをご先祖に報告する。

港川ハーレー

お盆　旧暦7月13日〜15日

沖縄のお盆は、旧暦の7月13日〜15日まで各家庭で行われる。仏壇には果物やお菓子、サトウキビ等をお供えし、ご先祖をお迎えする。旧暦7月15日は祖先をお送り（ウークイ）を行う。また、沖縄ではエイサー（盆踊り）が行われる。

全島エイサーまつり

国営沖縄記念公園（海洋博公園）内

海洋文化館 プラネタリウム 地図 P6A3　P68 参照

©OCVB

　昭和50年（1975）に開催された「沖縄国際海洋博覧会」の継承施設で、沖縄を含む太平洋地域の海と人間の関わりを示す船や漁具・生活用具などを展示している。

　エントランスホールを入るとまず目につくのが巨大なカヌー。タヒチのダブルカヌーで全長は約17.6mもあり、その美しいフォルムが特徴的となっている。この型式の船はかつて英国のクック船長がタヒチに来訪したとき、王が神官や戦士を同伴して出迎えるのに使われたもので、海洋文化館を訪れる人を迎える意味でもここに展示しているという。次の**航海ゾーン**ではミクロネシアの伝統的航海術と造船技術と共に、新天地を求めて大航海した人類の移住の経緯についてパネルや映像で紹介している。さらに特色あるカヌーの大型模型や航海術を学ぶための道具(星座コンパスとスティックチャート)や、航海時の所持品なども展示している。**オセアニアゾーン**では長さ30m、幅15mの青い巨大な太平洋の床地図があり、床面の海をウミガメやクジラが泳ぐ面白い仕掛けがある。大型スクリーンでかつてポリネシアの祖先が海を渡った物語をダイナミックな映像で紹介している。また、オセアニアの人々の暮らしの様子を住、食、漁撈、装い、音楽、踊り、信仰などのテーマに分けて紹介するコーナーがあり、容器や装身具、地域通貨など多彩な異文化の道具を展示している。**沖縄ゾーン**では沖縄の漁撈生活を紹介する展示となっており、沖縄や周辺の島々で古くから使われていた船（サバニ）や伝統漁具が実際に使われている様子を映像で紹介している。

　このほかにも館内には沖縄の季節の星座や星にまつわる民話を紹介するプラネタリウムホールがあり、約30分間のプログラムを1日10数回上映している。館内ガイドツアーも行われているので訪れた際はぜひ受けておきたい。

芭蕉布会館
地図 P6B2 P70 参照

　芭蕉布とは亜熱帯を中心に分布する植物・芭蕉からとれる天然繊維を原料とした伝統的織物で、さらりとした肌触りと張りがあり、沖縄の高温多湿の気候でも過ごしやすく、現在では着物だけでなく帯や座布団、テーブルセンター、クッションなど様々なものが作られている。歴史も古くは13世紀頃には既に沖縄で織られていたようで、16世紀には中国への貢物や貿易品として使われていたという。

　芭蕉布会館の1階の展示室では、常時芭蕉布製品の展示、実際に使っている織り機やより掛け機、釜、染色場を見学できる。また、芭蕉布製品の販売やその製造工程のビデオの上映が行われている。2階の作業場では、芭蕉布伝統工芸従事者の研修等が行われている。ストラップやコースターなど芭蕉布づくり体験プログラムも受けることができる。

©OCVB

今帰仁村歴史文化センター
地図 P6A3 P70 参照

今帰仁城跡に隣接する郷土資料館で、展示室は4つのテーマで構成されており、今帰仁城跡からの発掘品や今帰仁按司とかかわる墓などの紹介など、今帰仁城をめぐる歴史にふれることができる「今帰仁の歴史」、ムラ・シマ（村落）の集落の生活空間を紹介する「今帰仁のムラ・シマ」、集落ごとの日用品や祭礼品などの道具を紹介した「今帰仁の生活と文化」、これまでに今帰仁村内で発掘された遺跡を紹介する「今帰仁の遺跡」がある。

小さい資料館ではあるが、村の生活がコンパクトにまとめられており、今帰仁城跡を訪れた際はぜひ見学したい。

今帰仁城跡 世界遺産
地図 P6A3 P70 参照

別名北山城と呼ばれ、琉球が中山に統一される前の14世紀に北山王が居城としたもの。その面積は首里城とほぼ同規模で、城は6つの郭から成り、総長1500mにも及ぶ城壁は、地形を巧みに利用しながら野面積みで屏風状に築かれている。

見どころも多く、入口である昭和37年（1962）に修復された石造りの平郎門は左右に狭間があり、門の天井は大きな一枚岩を乗せた頑丈な作りとなっている。平郎門を通り、大庭に向かう左側に最も高い石垣が築かれた堅牢な城郭に囲われた大隅（うーしみ）と呼ばれる兵馬を訓練した場所があり絶景ポイントとなっている。反対の左側にはカーザフと呼ばれるくぼ地がある。カーザフとは川迫、川の谷間のことをいい、自然の石が露頭している様子は地形を生かした城壁であったことがうかがわせる。大庭（うーみやー）に続く旧道は大きな岩盤に挟まれて道は狭く、急な登り道のため一度にたくさんの人が通れないように造られている。これは防衛機能のためとされている。城の北側で一番見晴らしがいいのが御内原（うーちーばる）。海を眼下にとらえることができるこの場所はかつて城に仕えた女官の生活の場所と伝えられ、男子禁制の神聖な場所だったという。

眺望が美しい場所であるが、城内で最も中心的な建物があった場所であった主郭には火神の祠（ひぬかんのほこら）と呼ばれる火の神が祀られているなど、拝所もあり住民の参礼者も多い。毎年1月下旬ごろから2月上旬に満開をむかえる桜の名所としても有名。

48

トーカチ（米寿）　旧暦8月8日

88歳の年祝いが行われる。米を山盛りにして、斗かき（トーカチ）に見立てた竹筒を立て、お祝いに来た客に酒を振る舞う。

十五夜　旧暦8月15日

中秋の名月を眺めながら今年の豊作の感謝と新たなる豊作を願い、餅に小豆をまぶしたフチャギモチを火の神、仏壇にお供えする。

カジマヤー（風車）　旧暦9月7日

カジマヤーとは風車のことで、97歳のお祝いに当たる。風車を飾り長寿にあやかるために親族や知人、近所の人が集まり盛大にお祝いを行う。

トゥンジー（冬至）　11月中旬頃（新暦12月22日頃）

1年で最も夜が長くなる日。この日は各家庭でトゥンジージューシー（雑炊）を作り健康を願い仏壇などにお供えする。

ムーチー（鬼餅）　旧暦12月8日

月桃の葉に包んで蒸した餅「ムーチー（鬼餅）」を仏壇などにお供えし健康を祈願する。特に子供の健康祈願をする意味合いがある。

ウグヮンブトゥチ（御願解き）　旧暦12月24日

各家庭にあるヒヌカン（火の神）に1年の感謝をするとともに火の神を天上へとお送りする。

©OCVB

ジューシー

ムーチー

ここがみどころ！沖縄の恒例行事

行事	時期	場所
●沖縄花のカーニバル	1月～5月	本島
●ジュリ馬行列	旧暦1月20日	那覇市
●おきなわマラソン	2月	沖縄市など
●琉球海炎祭	4月	宜野湾市
●沖縄国際映画祭	4月	県内数カ所
●奥ヤンバル鯉のぼり祭り	5月毎年GW期間中の3日間	国頭村
●那覇ハーリー	5月毎年GW期間中の3日間	那覇市
●糸満ハーレー	旧暦5月4日	糸満市
●港川ハーレー	旧暦5月4日	八重瀬町
●与那原大綱曳	旧暦6月26日（付近の土日）	与那原町
●塩屋湾のウンガミ（海神祭）	旧暦7月15日明けの初亥の日	大宜味村
●安田のシヌグ	旧暦7月15日明けの初亥の日	国頭村
●八月あしび	隔年 旧暦8月15日ごろ	宜野座村
●全島エイサーまつり	毎年旧盆明けの最初の週末	沖縄市
●糸満大綱引	旧暦8月15日	糸満市
●全島獅子舞フェスティバル	旧暦9月15日直近の日曜	うるま市
●安和のウシデーク	旧暦9月16日	名護市
●那覇大綱挽まつり	10月毎年スポーツの日を含む3連休	那覇市
●首里城復興祭（首里城祭）	10月末～11月初め（土日祝）	那覇市
●沖縄国際カーニバル	11月	沖縄市
●ツール・ド・おきなわ	11月	本島北部
●壺屋やちむん通り祭り	11月上旬	那覇市
●那覇大綱挽	毎年体育の日の前日（日曜日）	那覇市

復興祭（首里城祭）

子舞フェスティバル

のウシデーク

沖縄花のカーニバル

琉球海炎祭

塩屋湾のウンガミ

奥ヤンバル鯉のぼり祭り

那覇大綱挽まつり

見学・拝観施設一覧

名称	電話・住所・アクセス	時間	料金・その他	参照/地図
浦添ようどれ〈うらそえ〉	098-874-9345(浦添グスク・ようどれ館)　浦添市仲間2-53-1　【アクセス】ゆいレールで浦添前田駅下車徒歩約15分、車・タクシーで沖縄自動車道 西原ICから約20分、那覇空港から約40分	9時〜17時(浦添グスク・ようどれ館)　【休み】月曜・12/28〜1/3	高校生以上100・小中学生50円　【所要時間】30分	P31/4B
大宜味シークヮーサーパーク〈おおぎみ〉	098-050-5850　国頭郡大宜味村津波1424-1　【アクセス】車・タクシーで沖縄自動車道 許田ICから約30分、那覇空港から約110分	10時〜17時半(土日祝は〜18時)　【休み】年中無休	入館無料　【所要時間】30分	P53/6B
沖縄空手会館	098-851-1025　豊見城市字豊見城854-1　【アクセス】車・タクシーで那覇空港自動車道 豊見城ICから約10分、那覇市内・那覇空港から約10〜15分	9時〜21時(道場施設)　9時〜18時(展示施設)※入館は30分前まで　【休み】水曜(祝日の場合翌日)、12/30〜1/3	大人400・大高生270・130円(資料室観覧料)　【所要時間】50〜60分	P30/4A
沖縄県営平和祈念公園	098-997-2765　糸満市字摩文仁444　【アクセス】車・タクシーで那覇空港自動車道 豊見城ICから約30分、那覇市内・那覇空港から約40分	園内自由　【休み】年中無休		P10/4B
沖縄県平和祈念資料館	098-997-3844　糸満市字摩文仁614-1(県営平和祈念公園内)　【アクセス】公園と同上	9時〜17時(常設展示室の入室は16時半まで)　【休み】12/29〜1/3、他	大人300・大学生以下150円　【所要時間】60分	P11/4B
沖縄県平和祈念堂	098-997-3011　糸満市字摩文仁448-2(県営平和祈念公園内)　【アクセス】公園と同上	9時〜17時(入室は16時半まで)　【休み】12/29〜1/3	大人450・中高生350円・小学生以下無料　【所要時間】20分	P11/4B
沖縄県立博物館・美術館(おきみゅー)	098-941-8200　那覇市おもろまち3-1-1　【アクセス】ゆいレールでおもろまち駅下車徒歩約10分、車・タクシーで那覇空港から約20〜30分	9時〜18時(金曜・土曜は〜20時)　※入館は30分前まで　【休み】月曜(祝日又は「慰霊の日6/3」の場合翌日)、メンテナンス日、12/29〜1/3	大人530・大高生270・小中学生150円(博物館常設展)　大人400・大高生220・小中学生100円(美術館コレクション展)　企画展は別途料金　【所要時間】60分	P28/4B2　P26
沖縄こどもの国	098-933-4190　沖縄市胡屋5-7-1　【アクセス】車・タクシーで沖縄自動車道 沖縄南ICから約10分、那覇空港から約50分	9時半〜18時(10〜3月は〜17時半)　※入場は1時間前まで　【休み】火曜(祝日の場合翌日)、12/30〜1/1　※大型連休、春、夏、冬休み期間中は営業	大学生以上500・中高生200・小学生〜4才100円　【所要時間】90分	P33/5B
沖縄美ら海水族館〈ちゅらうみ〉	0980-48-3748　国頭郡本部町石川424(国営沖縄記念公園(海洋博公園)内)　【アクセス】車・タクシーで沖縄自動車道 許田ICから約50分、那覇空港から約120分	8時半〜18時半(繁忙期は延長HP確認)　※入館は60分前まで　【休み】HP参照	大学生以上2180・高校生1440・小中学生710円　【所要時間】90〜120分	P46/6A
沖縄フルーツランド	098-052-1568　名護市字為又1220-71　【アクセス】車・タクシーで沖縄自動車道 許田ICから約25分、那覇空港から約80分	10時〜17時(入園は30分前まで)　【休み】年中無休	高校生以上1200・中学生〜4才600円　【所要時間】40分	P46/6A
おきなわワールド	098-949-7421　南城市玉城字前川1336　【アクセス】車・タクシーで那覇空港自動車道 南風原南ICから約10分、那覇市内・那覇空港から約30分	9時〜17時半(受付は16時まで)　【休み】年中無休	15才以上2000・14才〜4才1000円　【所要時間】180〜300分	P12/4B
恩納村博物館〈おんなそん〉	098-982-5112　恩納村字仲泊1656-8　【アクセス】車・タクシーで沖縄自動車道 石川ICから約10分、那覇空港から約60分	9時〜17時(入場は30分前まで)　【休み】月曜(祝日の場合翌日)、6/24慰霊の日の翌日、12/28〜1/3	入館料無料　【所要時間】40分	P39/5B
海洋文化館・プラネタリウム〈かいようぶんかかん〉	0980-48-2741　国頭郡本部町石川424(国営沖縄記念公園(海洋博公園)内)　【アクセス】車・タクシーで沖縄自動車道 許田ICから約50分、那覇空港から約120分	8時半〜19時(10〜2月は〜17時半)　※入館は30分前まで　【休み】12月の第1水曜日とその翌日	高校生以上190円・中学生以下無料　【所要時間】30分	P47/6A
勝連城跡〈かつれんじょうあと〉	098-978-2033　うるま市勝連南風原3807-2　【アクセス】車・タクシーで沖縄自動車道 沖縄北ICから約20分、那覇空港から約50分	9時〜18時(入場は30分前まで)　【休み】年中無休	高校生以上600・小中学生400円(あまわりパーク歴史文化施設常設展含む)　【所要時間】90分	P35/5B

※入館時間は記載時間とは異なる場合があります。駅からの所要分や物件での所要時間は目安です。
※なお、記載内容は2023年6月現在のものです。新型コロナウィルス等の影響に伴い、臨時休業や人数制限、団体受付停止、事前予約制導入、時間短縮など行っている場合がございます。必ず事前に見学状況の確認を行って下さい。

名称	電話・住所・アクセス	時間	料金・その他	参照/地図
ガンガラーの谷	098-948-4192　南城市玉城字前川202 【アクセス】車・タクシーで那覇空港自動車道　南風原ICから約10分、那覇市内・那覇空港から約30分	営業時間　9時〜16時 【休み】年中無休	事前予約制　ツアー料金1名2500円、小学生以下無料（要同伴） 学生証提示の中学生以上の学生1500円 ケイブカフェはガイドツアー参加者のみ利用可 【所要時間】90分	P18/4B3
喜屋武岬 〈きやんみさき〉	糸満市字喜屋武 【アクセス】車・タクシーで那覇空港自動車道　豊見城ICから約30分、那覇市内・那覇空港から約30分		駐車場あり	P30/4A4
旧海軍司令部壕 〈きゅうかいぐんしれいごう〉	098-850-4055　豊見城市字豊見城236 【アクセス】車・タクシーで那覇空港自動車道　豊見城ICから約15分、那覇市内・那覇空港から約20分	9時〜17時(受付は16時半まで) 【休み】年中無休	高校生以上600・小中学生300円 【所要時間】40分	P16/4A3
金武観音寺 〈きんかんのんじ〉	098-968-2411　国頭郡金武町金武222 【アクセス】車・タクシーで沖縄自動車道　金武ICから約10分、那覇空港から約60分	開門時間7時〜16時(鍾乳洞)	境内自由 【所要時間】15分	P40/5C2
GODAC 国際海洋環境情報センター)	098-050-0111　名護市字豊原224-3 【アクセス】車・タクシーで沖縄自動車道　宜野座ICから約20分、那覇空港から70分	9時半〜17時半 【休み】月曜、祝日、12/29〜1/3	入館無料 各種教育プログラムは要予約 【所要時間】30分〜(教育プログラムによる)	P52/6B4
座喜味城跡 〈ざきみじょうあと〉	098-958-3141(文化振興課)　中頭郡読谷村字座喜味708-6 【アクセス】車・タクシーで沖縄自動車道　沖縄北ICから約30分、那覇空港から約70分		見学自由 【所要時間】30分	P41/5A2
識名園 〈しきなえん〉	098-855-5936　那覇市字真地421-7 【アクセス】車・タクシーで那覇空港自動車道　那覇ICから約5分	9時〜18時(10〜3月は〜17時半) ※入園は30分前まで 【休み】水曜(祝日又は「慰霊の日6/3」の場合翌日)	高校生以上400・中学生以下200円 【所要時間】40分	P28/4B2
首里城公園 〈しゅりじょうこうえん〉	098-886-2020　那覇市首里金城町1-2(管理センター) 【アクセス】ゆいレールで首里駅下車徒歩約15分、車・タクシーで那覇空港から約40〜60分・那覇市内から約15〜25分	8時〜19時半(7〜9月は〜20時半・12月〜3月は18時半)※城郭内無料区域 9時〜19時(7〜9月は〜20時・12月〜3月は18時) ※城郭内有料区域 ※入場は30分前まで 【休み】年中無休	・無料対象区域:歓会門、木曳門、久慶門、継世門 ・有料対象区域:奉神門・世誇殿・東のアザナ 大人400・高校生300・小中学生160円	P20/4B2
首里染織館 suikara 〈しゅりそめおりかん〉	098-917-6030　那覇市首里当蔵町2-16 【アクセス】ゆいレールで首里駅下車徒歩約7分、車・タクシーで那覇空港自動車道　那覇ICから約5分	11時〜18時※各種体験プログラムはHP参照 【休み】火曜・年末年始・ウークイ(旧盆最終日)	入館無料 各種体験プログラムは有料(3520円〜税込)要予約 【所要時間】60分〜(体験プログラムによる)	P19/4B2
斎場御嶽 〈せーふぁうたき〉	098-949-1899(緑の館・セーファ) 南城市知念字久手堅539 【アクセス】車・タクシーで那覇空港自動車道　南風原南ICから約50分、那覇市内・那覇空港から約50分	9時〜18時(11〜3月は17時半)※入場は30分前まで 【休み】毎年6日間(HP確認)	高校生以上300・小中学生150円 【所要時間】50〜60分	P30/4C3
大石林山 〈だいせきりんざん〉	0980-41-8111　国頭郡国頭村宜名真1241 【アクセス】車・タクシーで沖縄自動車道　許田ICから約110分、那覇空港から約170分	9時半〜17時半(入場は1時間前まで) 【休み】年中無休	15才以上1200・14才〜4才600円 【所要時間】120〜150分	P51/6C1
玉陵 〈たまうどぅん〉	098-885-2861　那覇市金城町1-3 【アクセス】ゆいレールで首里駅下車徒歩約15分、車・タクシーで那覇空港から約40分	9時〜18時(入場は17時半まで) 【休み】年中無休	高校生以上300・中学生以下150円 【所要時間】30分	P31/4B2・P21
玉城城跡 〈たまぐすくじょうあと〉	南城市玉城玉城門原 【アクセス】車・タクシーで那覇空港自動車道　南風原南ICから約30分、那覇市内・那覇空港から約50分			P30/4C3
知念城跡 〈ちねんじょうあと〉	南城市知念字知念上田原 【アクセス】車・タクシーで那覇空港自動車道　南風原南ICから約40分、那覇市内・那覇空港から約60分			P30/4C3

名称	電話・住所・アクセス	時間	料金・その他	参照/地
対馬丸記念館〈つしままるきねんかん〉	098-941-3515　那覇市若狭1-25-37【アクセス】ゆいレールで県庁前駅下車徒歩約15分、車・タクシーで那覇空港から約15分	9時〜17時(入館は16時半まで)【休み】木曜・12/31〜1/3	大人500・中高生300・小学生100円【所要時間】20分	P26/4AP26
東南植物楽園	098-939-2555　沖縄市知花2146【アクセス】車・タクシーで沖縄自動車道 沖縄北ICから約5分、那覇空港から約50分	9時半〜18時(営業時間は曜日と時期により異なる)※入園は1時間前まで【休み】年中無休	18歳以上1540・13〜17歳1050・4〜12歳600円※10〜5月開催のイルミネーション夜の部料金異なる【所要時間】60分	P34/5
中城城跡〈なかぐすくじょうあと〉	098-935-5719　中頭郡中城村字泊1258【アクセス】車・タクシーで沖縄自動車道 北中城ICから約10分、那覇空港から約40分	8時半〜17時(5〜9月は18時)※閉門は30分後	大学生以上400・中高生300・小学生200円【所要時間】30分	P33/5
中村家住宅〈なかむらけじゅうたく〉	098-935-3500　中頭郡北中城村字大城106【アクセス】車・タクシーで沖縄自動車道 北中城ICから約5分	9時〜17時(入場は20分前まで)【休み】水曜、木曜	大学生以上500・中高生300・小学生200円【所要時間】30分	P34/5
今帰仁城跡・今帰仁村歴史文化センター〈なきじんぐすくあと〉	098-056-4400国頭郡今帰仁村字今泊5101【アクセス】車・タクシーで沖縄自動車道 許田ICから約50分、那覇空港から約120分	8時〜18時(5〜8月は〜19時)※入場は30分前まで【休み】年中無休	大学生以上600・中高生450円・小学生以下無料【所要時間】30分	P48/6
名護博物館〈なごはくぶつかん〉	098-054-8875　名護市大中4-20-50【アクセス】車・タクシーで沖縄自動車道 許田ICから約15分	10時〜18時【休み】月曜、祝日、年末年始、慰霊の日6/23、ガスくん蒸実施期間、毎月第4木曜	大人440・大高生330・小中学生220円【所要時間】45分※ガイド有(要調整)	P44/6
那覇市伝統工芸館	098-868-7866那覇市牧志3-2-10 てんぶす那覇2F【アクセス】ゆいレールで牧志駅下車徒歩5分、美栄橋駅下車徒歩10分	特別展示室は9時半〜17時半(入館は17時15分まで)【休み】水曜・12/29〜1/3	特別展示室観覧料は大人310・高校生200・小中学生100円【所要時間】30分	P17/4EP26
波上宮〈なみのうえぐう〉	098-868-3697　那覇市若狭1-25-11【アクセス】ゆいレールで旭橋下車徒歩約15分、車・タクシーで那覇空港から約15分	9時〜17時(授与所開設時間)	【所要時間】15分	P26/4AP26
ネオパークオキナワ	098-052-6348　名護市名護4607-41【アクセス】車・タクシーで沖縄自動車道 許田ICから約15分、那覇空港から約80分	9時〜17時半(入場は30分前まで)【休み】年中無休	※中学生以上1200・12〜4才600円(入場料)※中学生以上700・12〜4才500円(沖縄軽便鉄道)※4才以上300円(ふれあい広場)※4月29日〜9月24日まで企画展あり。中学生以上1500・12〜4才900円【所要時間】90分	P45/6
熱帯ドリームセンター	0980-48-2741国頭郡本部町字石川424(国営沖縄記念公園(海洋博公園)内)【アクセス】車・タクシーで沖縄自動車道 許田ICから約50分、那覇空港から約120分	8時半〜19時(10〜2月は〜17時半)※入館は30分前まで【休み】12月の第1水曜日とその翌日	高校生以上760円・中学生以下無料【所要時間】45分	P45/6
芭蕉布会館〈ばしょうふかいかん〉	098-044-3033　大宜味村字喜如嘉454【アクセス】車・タクシーで沖縄自動車道 許田ICから約60分、那覇空港から約120分	10時〜17時【休み】日曜、旧盆、12/29〜1/3、他	※事前に要連絡	P47/6
ビオスの丘	098-965-3400　うるま市石川嘉手苅961-30【アクセス】車・タクシーで沖縄自動車道 石川ICから約15分、那覇空港から約60分	9時〜18時(入場は30分前まで)【休み】火曜(不定休)	入園料(湖水観賞舟付き)中学生以上1800・小学生〜4才900円【所要時間】90分〜	P36/5
東村立 山と水の生活博物館〈ひがしそんりつ〉	098-051-2828　国頭郡東村字川田61-1【アクセス】車・タクシーで沖縄自動車道 許田ICから約70分、那覇空港から約130分	10時〜18時(受付は17時半まで)【休み】月曜、祝日、慰霊の日6/23、12/29〜1/3、他	大学生以上200・小中高生100円【所要時間】30分	P51/6
ひめゆりの塔・ひめゆり平和祈念資料館	098-997-2100(資料館)糸満市字伊原671-1【アクセス】車・タクシーで那覇空港自動車道 豊見城ICから約20分、那覇市内・那覇空港から約30〜40分	9時〜17時25分(入館は17時まで)※ひめゆりの塔は24時間可【休み】年中無休	資料館は大人450・高校生250・小中学生150円【所要時間】60分〜90分	P8/4A4B4

※入館時間は記載時間とは異なる場合があります。駅からの所要分や物件での所要時間は目安です。
※なお、記載内容は2023年6月現在のものです。新型コロナウィルス等の影響に伴い、臨時休業や人数制限、団体受付停止、事前予約制導入、時間短縮な行っている場合がございます。必ず事前に見学状況の確認を行って下さい。

名称	電話・住所・アクセス	時間	料金・その他	参照/地図
福地ダム資料館〈ふくじ〉	098-053-6111 東村字川田中上原1105-108(管理事務所) 【アクセス】車・タクシーで沖縄自動車道 許田ICから約20分、那覇空港から約80分	9時～17時 【休み】年中無休	入館無料 【所要時間】30分	P53/6C3
福州園〈ふくしゅうえん〉	098-943-6078　那覇市久米2-29-19 【アクセス】ゆいレールで県庁前駅下車徒歩約10分、車・タクシーで那覇空港から約15分	9時～21時 【休み】水曜(祝日の場合翌日)	※高校生以上200・小中学生100円(9～18時) ※高校生以上300・小中学生150円(18～21時) 【所要時間】30分	P27/4A2・P26
ブセナ海中公園	098-052-3379　名護市字喜瀬1744-1 【アクセス】車・タクシーで沖縄自動車道 許田ICから約10分、那覇空港から約70分	海中展望塔:9時～18時(11～3月は～17時半) ※入場は30分前まで グラス底ボート:9時～17時半の毎時10分・30分・50分※12時は10分・50分(11～3月は～17時※12時は10分・50分、16時は10分・30分)	※海中展望塔:高校生以上1050・中学生～4才530円 ※グラス底ボート:高校生以上1560・中学生～4才780円 ※セット料金:高校生以上2100・中学生～4才1050円 【所要時間】グラス底ボート20分～	P41/5C1
漫湖水鳥・湿地センターまんこみずどりしっちせんたー〉	098-840-5121　豊見城市字豊見城982 【アクセス】ゆいレールで奥武山公園駅下車徒歩15分、車・タクシーで那覇市内・那覇空港から約15～20分	9時～17時 【休み】月曜(祝日の場合翌日)、6/23、12/29～1/3	無料 【所要時間】60分	P18/4A2
万座毛〈まんざもう〉	098-966-8080(万座毛株式会社) 国頭郡恩納村字恩納2767 【アクセス】車・タクシーで沖縄自動車道 石川ICから約15分、那覇空港から約70分	8時～19時(万座毛周辺活性化施設)	小学生以上100円 【所要時間】40分	P40/5A1
むら咲むら〈むらさきむら〉	098-958-1111 中頭郡読谷村字高志保1020-1 【アクセス】車・タクシーで沖縄自動車道 石川ICから約30分、那覇空港から約70分	9時～18時(入場は30分前まで) 【休み】年中無休	18才以上600・中高生500・小学生400円 【所要時間】90分～	P38/5A2
やちむんの里	098-958-6494(読谷村観光協会) 中頭郡読谷村喜名2346-11 【アクセス】車・タクシーで沖縄自動車道 石川ICから約30分、那覇空港から約70分	各工房によって異なる	各工房によって異なる	P38/5A2
ヤンバルクイナ生態展示学習施設「クイナの森」	098-041-7788(安田くいなふれあい公園) 国頭郡国頭村安田1477-35 【アクセス】車・タクシーで沖縄自動車道 許田ICから約110分、那覇空港から約170分	9時～17時(受付は16時半まで) 【休み】水曜	大人700・小中高生200円 【所要時間】30分	P50/6C2
やんばる野生生物保護センター《ウフギー自然館》	098-050-1025　国頭郡国頭村比地263-1 【アクセス】車・タクシーで沖縄自動車道 許田ICから約70分、那覇空港から約130分	10時半～16時半 【休み】月曜、祝祭日(みどりの日(5/4)とこどもの日(5/5)は開館)、慰霊の日(6/23)、12/29～1/3	無料 学校団体は要予約 【所要時間】30分	P49/6C2
ユンタンザミュージアム	098-958-3141 中頭郡読谷村字座喜味708-6 【アクセス】車・タクシーで沖縄自動車道 沖縄北ICから約30分、那覇空港から約70分	9時～18時(入館は30分前まで) 【休み】水曜(祝日の場合翌日)、12/28～1/4、臨時休館日	高校生以上500・小中学生300円 【所要時間】30分	P42/5A2
琉球大学	098-895-8175(総務部総務課広報係) 中頭郡西原町字千原1 【アクセス】車・タクシーで沖縄自動車道 西原ICから約10分	修学旅行など団体のご利用については以下が窓口。人数、料金等、詳細については、以下よりお問い合わせください。 ■申込み・問合せ先 NPO法人自然体験学校 TEL:098-998-0330 FAX:098-998-3808		P32/5A4
琉球村	098-953-5661　国頭郡恩納村山田1130 【アクセス】車・タクシーで沖縄自動車道 石川ICから約15分、那覇空港から約70分	9時半～17時(入場は60分前まで) 【休み】年中無休	16才以上1500・高校生1200・15～6才600円 【所要時間】90分～	P37/5A2

索引

名称	地図	沖縄県住所とアクセス所要分（那覇空港発 車の利用時）	
安慶名闘牛場（あげな）	P5B3	うるま市字安慶名1076	約5
安波ダム（あは）	P6C2	国頭郡国頭村字安波川瀬原	約18
安波のサキシマスオウノキ（あは）	P6C2	国頭郡国頭村安波	約18
安波のタナガーグムイの植物群落（あは）	P6C2	国頭郡国頭村安波	約18
アマミチューの墓	P5C3	うるま市勝連比嘉	約8
アメリカンビレッジ	P5A3	中頭郡北谷町美浜	約4
新川ダム（あらかわ）	P6C2	国頭郡東村字高江高江原	約16
糸数アブチラガマ（いとかず）	P4B3	南城市玉城字糸数	約4
糸数城跡	P4B3	南城市玉城字糸数	約4
伊波城跡（いは）	P5B2	うるま市石川伊波	約6
浦添市美術館（うらそえ）	P4B2	浦添市仲間1-9-2	約2
運天原サバヤ貝塚（うんてんばる）	P6B3	名護市運天原	約11
荻堂貝塚（おぎどう）	P5B4	中頭郡北中城村	約4
沖縄アウトレットモールあしびなー	P4A3	豊見城市豊崎1-188	約2
沖縄県 県民の森	P5C1	国頭郡恩納村字安富祖2028	約8
沖縄県総合運動公園	P5B4	沖縄市比屋根5-3-1	約5
沖縄コンベンションセンター	P4B1	宜野湾市真志喜4-3-1	約3
オリオンビール工場	P6B3	名護市東江2-2-1	約8
海中道路	P5C3	うるま市与那城	約8
垣花城跡（かきのはな）	P4C3	南城市玉城字垣花和名盤	約4
兼久海浜公園（かねく）	P5A3	嘉手納町字兼久85-31	約6
茅打バンタ（かやうち）	P6C1	国頭郡国頭村宜名真	約18
カンナ崎	P5C4	うるま市勝連平敷屋	約8
漢那ダム（かんな）	P5C1	国頭郡宜野座村字漢那地先	約7
喜如嘉の七滝（きじょか）	P6C2	国頭郡大宜味村字喜如嘉	約13
喜屋武岬（きゃんみさき）	P4A4	糸満市字喜屋武	約4
金城町石畳道（きんじょうちょう）	P4B2	那覇市首里金城町	約2
金武ダム（きん）	P5C2	国頭郡金武町金武	約7
金武町（きんちょう）	P5C2	国頭郡金武町金武	約6
久高島（くだかじま）	P4C4	南城市知念久高、安座真港まで約50分、高速船で15分	
倉敷ダム（くらしき）	P5B3	うるま市石川楚南879-1	約5
慶佐次湾のヒルギ林（げさしわん）	P6B3	国頭郡東村慶佐次	約13
国際通り	P4A2〜B2	那覇市牧志 3-2-10 てんぶす那覇3階（那覇市国際通り商店街振興組合）	約1
国立劇場おきなわ	P4B2	浦添市勢理客4-14-1	約1
米須貝塚（こめす）	P4B4	糸満市米須	約4
残波岬（ざんぱ）	P5A2	中頭郡読谷村宇座	約8
島添大里城跡（しましーおおざと）	P4B3	南城市大里大里	約3
謝花昇（じゃはなのぼる）	P4B3	島尻郡八重瀬町東風平運動公園内	約3
ジョン万次郎上陸之地	P4B4	糸満市大度海岸	約4
白梅之塔（しらうめ）	P4A4	糸満市字真栄里	約3
田港御願の植物群落（たみなとうがん）	P6B3	国頭郡大宜味村	約12
知念海洋レジャーセンター（ちねん）	P4C3	南城市知念字久手堅676	約5
知花城跡（ちばな）	P5B3	沖縄市知花	約5
那覇新港（なはしんこう）	P4A2	那覇市港町1-16-10	約1
名護城跡（なんぐすく）	P6B3	名護市名護5511	約9
21世紀の森公園	P6A3	名護市宮里2-1	約8
野国総管宮（のくにそうかんぐう）	P5A3	中頭郡嘉手納町嘉手納	約6
東村村民の森つつじエコパーク（ひがしそん）	P6C3	国頭郡東村字平良766-1	約13
比地大滝（ひじおおたき）	P6C2	国頭郡国頭村 字比地781-1	約14
備瀬のフクギ並木（びせ）	P6A3	国頭郡本部町備瀬	約12
辺戸岬（へど）	P6C1	国頭郡国頭村辺戸	約18
辺野喜ダム（べのき）	P6C2	国頭郡国頭村辺野喜114	約17
平安名貝塚（へんな）	P5C3・C4	うるま市勝連字安名	約7
八重瀬町戦争遺跡公園（やえせちょう）	P4B3	島尻郡八重瀬町字新城	約3
ヤンバルクイナ展望台	P6C1	国頭郡国頭村字辺戸	約18
琉球ガラス村	P4A4	糸満市字福地169	約3

問い合わせ先

名称	電話番号(098)	名称	電話番号(098)
国頭村観光協会	041-2420	西原町観光まちづくり協会	862-1442
東村観光推進協議会	051-2655	うるま市観光物産協会	989-1148
大宜味村観光協会	050-5707	北中城村観光協会	923-5888
本部町観光協会	047-3641	中城村観光協会	975-5309
名護市観光協会	053-7755	浦添市観光協会	874-0145
今帰仁村観光協会	056-1057	那覇市観光協会	862-1442
恩納村観光協会	966-2893	豊見城市観光協会	856-8766
金武町観光協会	989-5674	南風原町観光協会	851-7273
宜野座村観光協会	968-8787	南城市観光協会	948-4660
読谷村観光協会	958-6494	八重瀬町観光物産協会	998-3300
嘉手納町観光協会	989-5353	糸満市観光協会	840-3100
北谷町観光協会	926-5678	(一財)沖縄観光コンベンション ビューロー教育旅行チーム	859-6129
宜野湾市観光振興協会	897-2764		
沖縄市観光物産振興協会	989-5566		

写真協力:一般財団法人 沖縄観光コンベンションビューロー、おきなわワールド、ガンガラーの谷、漫湖水鳥・湿地センター、首里染織館suikara、一般財団法人 沖縄美ら島財団、東南植物楽園、恩納村博物館、ユンタンザミュージアム、名護博物館、やんばる野生生物保護センター ウフギー自然館、大石林山、東村立 山と水の生活博物館、JAMSTEC(GODAC 国際海洋環境情報センター)　※順不同

※本誌は、2023年8月現在判明分の資料に基づき編集した最新版です。
編集現在、新型コロナウィルス感染症(COVID-19)等の影響で見学方法や時間などを臨時に変更している施設が多数ございます。ご注意下さい。
本書掲載の地図は、国土地理院発行の地形図をもとに作成いたしました。
本書の記事、データ等の無断転載・複製をお断りします。© ユニプラン 2023

散策&観賞 沖縄本島編

第1版第1刷　　定価660円(本体600円+税10%)

発行日　　　　2023年9月15日

編集スタッフ　橋本 豪　ユニプラン編集部

デザイン　　　岩崎宏

発行人　　　　橋本良郎

発行所／株式会社ユニプラン

〒601-8213 京都府京都市南区久世中久世町1-76

TEL．075-934-0003

FAX．075-934-9990

振替口座／01030-3-23387

印刷所／株式会社プリントパック

ISBN978-4-89704-582-5　C2026

ISBN978-4-89704-582-5
C2026 ¥600E

定価660円
（本体600円＋税10%）